Fürsorge in der DDR

BERLINER BIBLIOTHEK

RELIGION – KULTUR – WISSENSCHAFT

Herausgegeben von Thomas Brose

BAND 13

PETER LANG

Lausanne - Berlin - Bruxelles - Chennai - New York - Oxford

Bernadette Feind-Wahlicht / Peggy Tippel

Fürsorge in der DDR

Beratung in den Handlungsfeldern
Staatliche Jugendhilfe und Katholische Fürsorge

Herausgegeben von Thomas Brose

PETER LANG

Lausanne - Berlin - Bruxelles - Chennai - New York - Oxford

Bibliografische Information der Deutschen Nationalbibliothek

Die Deutsche Nationalbibliothek verzeichnet diese Publikation
in der Deutschen Nationalbibliografie; detaillierte bibliografische
Daten sind im Internet über http://dnb.d-nb.de abrufbar.

Umschlag- und Reihengestaltung:
© Thomas Brose

ISSN 1863-981X
ISBN 978-3-631-90149-6 (Print)
E-ISBN 978-3-631-90150-2 (E-PDF)
E-ISBN 978-3-631-90189-2 (EPUB)
DOI 10.3726/b20816

© 2023 Peter Lang Group AG, Lausanne

Verlegt durch:
Peter Lang GmbH, Berlin, Deutschland

info@peterlang.com http://www.peterlang.com/

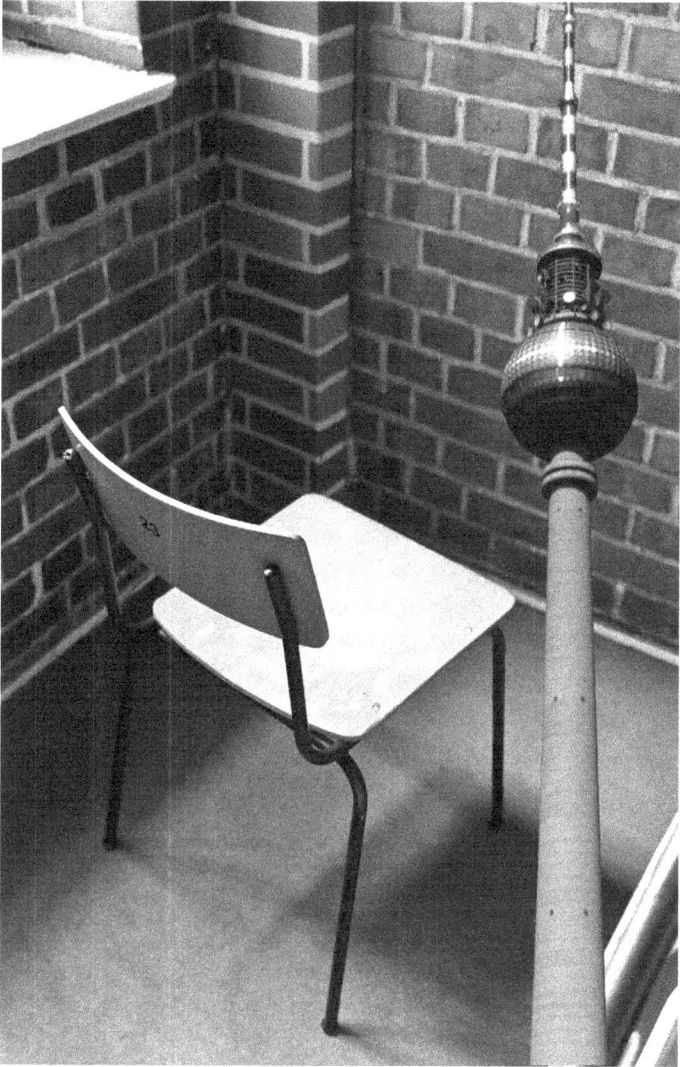

Foto © Max Rudolf Mirschel

Vorwort

Als „Kinder des Ostens" (mit und ohne kirchlichen Hintergrund) und „Vollblut-Pädagoginnen" standen wir schon häufiger in unserem Berufsleben vor den Fragen: Welche Auswirkungen hatte das System der DDR und seine pädagogische Realität auf die Menschen? Was wirkt sich davon bis heute positiv wie negativ aus? Und wer reflektiert diese Vergangenheit gerade auch im Hinblick auf heutige Entwicklungen und Handlungsweisen? Müssen wir als Pädagogen nicht auch mit dieser Geschichte im Hier und Jetzt bewusst arbeiten, vielleicht auch aktuelle Entwicklungen kritisch überdenken und im fachlichen Diskurs einordnen? Natürlich gibt es dokumentierte, konstruktive und ebenso konfliktreiche Gespräche mit Fachleuten, Verantwortlichen und Betroffenen. Bücher, Untersuchungen und Filmzeugnisse geben zudem Einblick in einzelne zentrale Themen der DDR-Geschichte – wie z.B. zum Prozess rund um die friedliche Revolution, zur Arbeit der Staatssicherheit, Berichte von Betroffenen, die in Kinderheimen oder Jugendwerkhöfen untergebracht waren, den Einschränkungen bei der Berufswahl oder den Auswirkungen für Menschen, die nicht systemkonform waren oder einen Ausreiseantrag gestellt haben.

Aber systematische Untersuchungen im Feld der Fürsorge zu den Strukturen des Systems, dem fachlichen und pädagogischen Selbstverständnis und deren Auswirkungen auf die Praxis – dazu gibt es wenig. Umso interessanter war es für uns, in dieses „Neuland" vorzustoßen, weil wir davon überzeugt sind: Nur wer die Vergangenheit versteht, kann die Zukunft gut gestalten.

Was also prägt das Handeln und die Haltung in einem Gesellschaftssystem?

Wir danken an dieser Stelle all jenen, die durch ihre fachliche und persönliche Unterstützung zum Gelingen dieser Arbeit beigetragen haben. Ein besonderer Dank geht dabei an unsere Partner und Familien, die uns immer wieder ermutigt und uns mit viel Geduld zur Seite gestanden haben.

Unser Dank gilt auch Frau Prof. Dr. Günther für die Anregung zu diesem interessanten Thema und die freundliche Unterstützung, gemeinsam mit Herrn Prof. Dr. Ortmann. Weiterhin danken wir unseren Interviewpartnern für ihr Vertrauen und ihre Offenheit. Ohne diese Bereitschaft wäre dieses Forschungsvorhaben nicht realisierbar gewesen.

Die Möglichkeit unsere Untersuchung zur „Fürsorge in der DDR" neben all den anderen thematisch weitreichenden und erlesenen Bänden der „Berliner Bibliothek" zu veröffentlichen, ist für uns ein Grund zur Freude.

Berlin, den 03.09.2022
Bernadette Feind-Wahlicht, Peggy Tippel

Inhalt

**Der Berliner Fernsehturm mit seinem ungewollten Sonnenkreuz,
Sinnbild für die Brüche im System der DDR**

Foto © Max Rudolf Mirschel

Thomas Brose

Eine wegweisende Untersuchung:
Zur Bedeutung von *Fürsorge in der DDR*

1.

Nach dem Zweiten Weltkrieg existierte in der Sowjetischen Besatzungszone
(SBZ) eine in den folgenden 45 Jahren nie mehr erreichte Vielfalt innerhalb der
Bildungslandschaft. Bis 1947 wurden auch die Kirchen von der sowjetischen
Besatzungsmacht als „antifaschistische" Organisationen mit Entgegenkommen
behandelt; sie wurden als Ansprechpartner akzeptiert und konnten in der bil-
dungshungrigen Nachkriegszeit wieder damit beginnen, Religionsunterricht zu
erteilen und caritativ tätig zu werden.

„Zur religiösen und kirchlichen Lage" – keineswegs zufällig, sondern mit
geschultem Blick für politische Zusammenhänge verfasste ein Mitarbeiter des
Zentralsekretariats der SED im Jahr 1946 unter diesem Titel eine Situationsana-
lyse der Lage in Ostdeutschland. Wegweisend heißt es darin: „Es läßt sich im
allgemeinen sagen, daß der religiöse Auftrieb, der in den ersten Monaten des
Jahrs 1945 zu beobachten war, im allgemeinen zum Stillstand gekommen ist.
Diese Tatsache läßt sich leicht erklären. Nach dem völligen Zusammenbruch
schienen ja die Kirchen das einzig Dauernde geblieben zu sein. Viele flüchte-
ten sich in den ‚Schoß der Kirche' um hier Halt zu suchen. Das Anhalten der
schlechten sozialen Lage hat nun bei Vielen Enttäuschung oder auch Gleich-
gültigkeit hervorgerufen, so daß das religiöse Interesse zumindest zum Stillstand
gekommen ist. […] Das gestärkte kirchliche Selbstbewußtsein wird besonders
in der Schulfrage noch zu großen Schwierigkeiten führen. Es ist nicht damit zu
rechnen, daß beide Kirchen hier nachgeben werden."[1]

Kurz nach dem Krieg deutet sich damit, wie dieser Text zeigt, bereits an, was
in den folgenden vier Jahrzehnten als Dauerkonflikt („Schulfrage") zwischen
Staat und Kirche im Zentrum stehen wird: die Problematik, welche Spielräume
Religion für sich in Anspruch nehmen konnte, um in der DDR-Gesellschaft mit
alternativen Bildungsangeboten – von konfessionellen Kindergärten über Stu-
dentengemeinden bis zur Fürsorge – präsent zu sein.

---

1   *SAPMO BArch ZPA* IV 2/9.05/78.

Der SED erschien es für ihren Machterhalt entscheidend, die öffentliche Kommunikation auf allen Ebenen zu kontrollieren. Die Staatspartei versuchte deshalb, jeden Ansatz zur Entwicklung einer pluralistischen Gesellschaft mit weltanschaulicher und intellektueller Vielfalt zu unterbinden. Universitäten, Hoch- und Fachschulen in Ostdeutschland avancierten deshalb zu Zentren weltanschaulicher Auseinandersetzung. Als Teil einer ideologischen Gesamtstrategie – mit der zweiten Hochschulreform von 1951 wurde das gesellschaftswissenschaftliche Grundstudium des Marxismus-Leninismus obligatorisch – führte dies zu dem erklärten Ziel, die christliche Glaubens-, Sprach- und Denkwelt zu diskreditieren und Religion als von der Wissenschaft längst überwundenen „Mystizismus" und „Aberglauben" zu diffamieren.

2.

Es verdient Beachtung, dass die katholische Kirche in der DDR der ideologischen Auseinandersetzung mit dem atheistischen Weltanschauungsstaat nicht aus dem Weg ging. Ihren Einspruch gegen wachsenden Uniformitätszwang machte die Berliner Bischofskonferenz z.B. im Jahr 1974 durch ein scharf gehaltenes Hirtenwort „Zur christlichen Erziehung" geltend. Darin wird kritisiert: „In den Erziehungs- und Lehrplänen – vom Kindergarten bis zur Universität – ist ausschließlich die Weltanschauung des dialektischen Materialismus die Grundlage. Das gesamte Leben soll von dieser Ideologie her geprägt werden. Weltanschauliche Neutralität wird abgelehnt. Entsprechend wird einzig die sozialistische Moral als richtig hingestellt, zu der die Erziehung zum Haß gehört. Von dieser Einseitigkeit her werden Religion und Christentum oft entstellt und verzerrt dargestellt. Der christliche Glaube wird als Aberglaube oder als bürgerliche Ideologie verunglimpft, als eine verderbliche Lebensform, die mit Opiumsucht und Alkoholmißbrauch in einem Atem genannt wird."[2]

Trotz ideologischer Disziplinierung, strengster Verbote und einer Strategie der Ausgrenzung existierten im durchorganisierten Weltanschauungsstaat zugleich Freiräume, in denen – wie sonst nirgendwo – eine andere Art von Wertorientierung ermöglicht wurde: in einer von beiden Kirchen aufrecht erhaltenen institutionellen Infrastruktur, zu der auch die Ausbildung christlicher Fürsorgerinnen und Fürsorger zählte. Denn anders als vielfach vermutet, war die DDR

---

2   Gerhard Lange/Ursula Pruß/Franz Schrader/Siegfried Seifert (Hrsg.), *Katholische Kirche – Sozialistischer Staat DDR. Dokumente und öffentliche Äußerungen 1945–1990*, zweite, durchges. u erw. Aufl., Leipzig 1993, Dokument 75 „Zur christlichen Erziehung", 259.

kein monolithisches Gebilde. Trotz Dominanz des „einheitlichen sozialistischen Bildungssystems" existierte dort zugleich eine erstaunlich vielfältige kirchlich-caritative Szene[3], die einen eigenständigen Bildungskosmos (z.b. in katholischen Krankenpflegeschulen) mit grenzüberschreitenden Kontakten eröffnete.

Der Aufgabe, diese *Parallelwelt* – so der treffsicher gewählte Titel einer Darstellung – materialreich zu dokumentieren, widmen sich Uwe Grelak und Peer Pasternack auf 700 Seiten.[4] Diese die Epoche des realen Sozialismus zumeist überdauernde kirchlich-konfessionelle Bildungslandschaft reichte von der Elementarpädagogik in Kindergärten und Kinderheimen, über Vorseminare, Berufsausbildungen, Kirchliche Hochschulen bis hin zu Filmdiensten und Evangelischen Akademien.

Existierten 1949, im Gründungsjahr des ostdeutschen Staates, insgesamt 141 konfessionelle Einrichtungen, gab es an dessen Ende 205. „Dieses Kernsegment des konfessionell gebundenen Bildungswesens hatte also", erläutern die beiden Verfasser, „über die vier DDR-Jahrzehnte hin ein Wachstum um 45 Prozent erfahren."[5]

Indem U. Grelak und P. Pasternack eine möglichst vollständige Dokumentation des konfessionell gebundenen Bildungswesens in der DDR bieten, machen sie zugleich auf das gesellschaftspolitische Potential aufmerksam, das sich in dieser „Parallelwelt" akkumulieren konnte. Vor allem stellten die konfessionell getragenen Einrichtungen „in der DDR den einzigen Bereich dar, der sich ganz überwiegend außerhalb des sozialistischen Bildungssystems befand, und die dort angesiedelten Einrichtungen waren entsprechend dem staatlichen Zugriff weniger ausgesetzt."[6]

---

3   Vgl. die in diesem Kontext zentrale Studie von Cornelia Ropers, *Katholische Krankenpflegeausbildung in der SBZ/DDR und im Transformationsprozess (Studien zur kirchlichen Zeitgeschichte)*, Berlin 2010. Ropers Untersuchung stellt dar, wie es in der DDR gelang, eine konfessionelle Krankenpflegeausbildung zu gewährleisten. Die im Jahr 1975 ausgehandelte Ausbildungsvereinbarung nach Art. 39 Absatz 2 der DDR-Verfassung war der einzige offizielle Vertrag zwischen katholischer Kirche und sozialistischem Staat in Ostdeutschland.

4   Vgl. Uwe Grelak/Peer Pasternack, *Parallelwelt. Konfessionelles Bildungswesen in der DDR. Handbuch*, Leipzig 2019.

5   Uwe Grelak/Peer Pasternack, *Parallelwelt. Konfessionelles Bildungswesen in der DDR*, „Einleitung", 22.

6   Uwe Grelak/Peer Pasternack, *Parallelwelt. Konfessionelles Bildungswesen in der DDR*, „Einleitung", 23.

Trotz vielfältiger Formen von Christenverfolgung, Diskriminierung und ideologischer Bevormundung stellte das konfessionelle Bildungswesen damit Ressourcen zur Verfügung, die es „Untertanen" erlaubte, zu Bürgerinnen und Bürgern heranzuwachsen. „Angebote" der Kirchen stärkten die Zivilgesellschaft; sie eröffneten Räume, um widerständiges Handeln einzuüben und ermöglichten es Menschen z.B. im Fürsorgebereich, in einem von Feindbildern und Hassbotschaften beherrschten vormundschaftlichen Staat humanes Verhalten einzuüben und für das Heil-Sein „verwundeter Seelen" wirksam zu werden.

3.

Die von Bernadette Feind-Wahlicht und Peggy Tippel vorgelegte Untersuchung erschließt Neuland – und eröffnet weite Horizonte. Ihr Zugang ergab sich durch ihre berufliche Nähe zum Forschungsfeld. Das Buch zeigt auf exemplarische Weise, wie man sich einem bisher kaum beachteten Gegenstand – staatlichem bzw. kirchlich-katholischem „Beratungshandeln" in der DDR – durch eine innovative Methodik (einfühlsam und ermutigend werden auch Personen aus dem näheren Umfeld der Verfasserinnen als Zeitzeugen befragt) nährt und dadurch den Zugang zu bisher vernachlässigten Wissensbeständen Sozialer Arbeit gewinnt. Die von den Autorinnen geführten Interviews erweisen sich dabei als besonders wertvoll, sie stellen auch für weitere Untersuchungen wichtiges Material zur Verfügung, um ostdeutsche Biografien in ihrem jeweiligen Kontext zu verorten.

Der von B. Feind-Wahlicht und P. Tippel vorgelegte Band zeichnet sich insgesamt durch eine beeindruckende historisch-empirische Durchdringung des Themas aus, weiß sich grundlegenden ethischen Standards verpflichtet und erscheint als Ergebnis langwieriger Feldforschung. Die Studie geht der Frage nach, inwieweit in den Handlungsfeldern Staatliche Jungendhilfe und Katholische Fürsorge eine an westlichen Standards gemessene Professionalität erreicht wurde, die es, auch gemessen an heutigen Standards, rechtfertigt, von echter Beratung zu sprechen.

Um diese Problematik zu klären, überprüfen die Autorinnen zwei zentrale Thesen: Zum einen (1.) ist dies die Vermutung, dass es erhebliche inhaltlich-ideologische Unterschiede – nicht zuletzt aufgrund von Differenzen im christlichen bzw. sozialistischen Menschenbild – in der staatlichen sowie der katholischen Fürsorgeausbildung gegeben hat. Die unterschiedlichen Menschenbilder hatten große Auswirkung auf das jeweilige Beratungshandeln.

Darüber hinaus lässt sich als zweite These (2.) formulieren, dass das Machtmonopol des SED-Staates jede Form von Beratungstätigkeit signifikant beeinflusste, so dass eine professionelle Beratung – nach gegenwärtig gültigen

Maßstäben – möglicherweise ganz und gar verhindert wurde. Diese Arbeit beschäftigt sich mit signifikanten Unterschieden innerhalb der Beratungstätigkeit von Staatlicher Jugendhilfe im Gegenüber zum Katholischen Fürsorgebereich. Sie versucht dabei, durch die Befragung von Expertinnen und Zeitzeugen vorhandene Lücken in der Beratungsgeschichte der DDR wissenschaftlich zu analysieren und zu schließen.

Die beiden dargestellten Thesen werden von B. Feind-Wahlicht und P. Tippel systematisch dargestellt, entfaltet und in differenzierter Weise gewichtet. Dabei zeigt sich im Verlauf der Studie, dass es Beraterinnen und Beratern der Katholischen Fürsorge – diese bewegten sich innerhalb eines abgegrenzten Raumes, einer Nische – aufgrund ihrer Orientierung an der westdeutschen „Sozialarbeiter"-Ausbildung durchaus möglich gewesen ist, professionelle Beratung innerhalb eines ihnen zugestandenen Freiraums zu leisten; dies sei jedoch für den Bereich staatlicher Jugendhilfe weitgehend zu verneinen.

1 Einleitung

Soziale Arbeit in der DDR gab es ja gar nicht! So oder so ähnlich lautete direkt nach der friedlichen Revolution die Einschätzung der westdeutschen Sozialarbeit und Sozialwissenschaft, mit der sich ehemalige Fürsorger[7] immer wieder konfrontiert sahen. Diese Aussage ist richtig und gleichzeitig falsch. Den Begriff Soziale Arbeit gab es in der DDR zwar nicht, wohl aber Soziale Arbeit. In der DDR gab es synonym für Soziale Arbeit die Fürsorge – unterteilt in drei Tätigkeitsfelder: die Gesundheits-, Sozial- und Jugendfürsorge – die sich aber nicht nur durch ihren Namen, sondern auch durch ein anderes Selbstverständnis und eine andere Zielsetzung beziehungsweise ein anderes Beratungsverständnis von der westdeutschen Sozialen Arbeit absetzte.

Anstoß für die hier vorliegende Arbeit ist die Bemerkung einer Professorin, die im Rahmen ihrer Ausführungen zur Beratungsgeschichte der Sozialen Arbeit in Deutschland darauf hinwies – diese sei nicht auf die Soziale Arbeit in der DDR übertragbar und zum Beratungshintergrund in der DDR existieren so gut wie keine Informationen – die zu der Grundfrage führte: Gab es überhaupt professionelle Beratung in der DDR? Wenn ja, wie wurde beraten? Und wie war das eigentlich im Rahmen der katholischen Fürsorge?

In der Tat ist das Feld der Beratung im Fürsorgekontext der DDR bisher nahezu nicht wissenschaftlich bearbeitet. Nach ersten Literaturrecherchen und einer begrenzten Anzahl von Experteninterviews ergaben sich allerdings bereits klare Hinweise darauf, dass es deutliche Unterschiede zwischen der staatlichen und katholischen Fürsorgeausbildung gegeben haben muss, die sich maßgeblich auf die Ausgestaltung und Durchführung der Beratungstätigkeit im staatlichen wie katholischen Fürsorgekontext ausgewirkt haben müssen. Diese Erkenntnis führte zu der für diese Arbeit grundlegenden Fragestellung:

---

7   In der folgenden Arbeit wird aus Gründen der besseren Lesbarkeit in der Regel die grammatikalisch generische Form verwendet. Selbstverständlich schließen wir in die Bezeichnung auch die vom jeweiligen grammatischen Geschlecht differierenden sozialen oder natürlichen Geschlechter ein. Abgewichen wird davon immer dann, wenn im jeweiligen Zusammenhang eine spezifische Geschlechtszuschreibung gemeint ist.

Gab es im Fürsorgekontext der DDR in den Handlungsfeldern Staatliche Jugendhilfe und Katholische Fürsorge[8] überhaupt professionelle Beratung – so wie wir sie heute verstehen?

Für die Auseinandersetzung mit dieser Fragestellung ergeben sich zwei zentrale Thesen, die in dieser Arbeit überprüft werden sollen. Es ist anzunehmen, dass es erhebliche inhaltlich-ideologische Unterschiede – unter anderem aufgrund eines anderen Menschenbildes – in der katholischen und staatlichen Fürsorgeausbildung gegeben hat, die sich maßgeblich auf das professionelle Beratungshandeln der Fürsorger auswirkten. Aber nicht nur die Ausbildungs- und Haltungsunterschiede, sondern auch die Machtverhältnisse innerhalb der DDR-Diktatur werden die Beratungstätigkeit beeinflusst und eine professionelle Beratung nach heutigem Verständnis möglicherweise sogar verhindert haben.

Die Aussagen unserer Befragten von „Beratung … das Vokabular gab's fast gar nicht" (B/212)[9] bis hin zu „das Wesen der Beratung entspricht dem heutigen Verständnis von Beratung" (F/292) verdeutlichen, dass das Thema Beratung in der DDR sehr unterschiedlich wahrgenommen und bewertet wurde. Um diese Aussagen begrifflich und inhaltlich richtig einordnen sowie die Hintergründe analysieren zu können, erfolgt in *Kapitel Zwei* (2.) zunächst eine Klärung der Begrifflichkeiten: Professionell – Beratung – professionelle Beratung – Macht in der Beratung, um zu klären, was heute unter professioneller Beratung verstanden wird und was das für die fürsorgerische staatliche und katholische Beratung in der DDR bedeuten könnte. Dem Thema Macht inklusive ihrer Auswirkungen auf Beratung kommt dabei eine zentrale Position zu. Im *dritten Kapitel* (3.) erfolgen ein Kurzabriss zum geschichtlichen Hintergrund der DDR und eine überblicksartige Darstellung des staatlichen Fürsorgewesens.[10] In *Kapitel Vier* (4.) wird die Position der katholischen Kirche in der DDR skizziert und die katholische Fürsorge in ihrer Sonderrolle im Fürsorgekontext der DDR dargestellt.

---

8   Diese Arbeit wurde auf den katholischen Fürsorgebereich begrenzt, weil die Ausweitung auf den evangelischen Fürsorgebereich einen zu großen Umfang für diese Arbeit dargestellt hätte.

9   1. Die hier verwendete Zitierweise benennt mit dem Buchstaben das betreffende Interview und mit der Zahl die entsprechende Zeilenangabe in der das Zitat beginnt. 2. Wortauslassungen im Zitat werden mit drei solitär stehenden Punkten gekennzeichnet. Aus datenschutzrechtlichen Gründen und zum Schutz der Persönlichkeitsrechte der Befragten, wurden dieser Arbeit die Interviews nicht als Anhang beigefügt.

10 An dieser Stelle sei darauf hingewiesen, dass in der Literatur und im Sprachgebrauch der Fürsorger in den Interviews die Begriffe staatliche Jugendfürsorge und staatliche Jugendhilfe synonym verwendet werden.

Das *fünfte Kapitel* (5.) geht auf den aktuellen Forschungsstand und die aktuelle, relativ überschaubare Quellenlage ein. Gesondert wird in diesem Punkt auf den Aspekt der Zeitzeugenarbeit und Erinnerungsarbeit eingegangen. Der sechste Abschnitt (6.) beschreibt die Grundlagen der qualitativen Forschung und ihre Methoden zur Datenerhebung und der Auswertung nach der „Grounded Theory" von Glaser und Strauss. In *Kapitel Sieben* (7.) werden die Forschungsergebnisse dargestellt und einer ersten Auswertung unterzogen. Schließlich werden im Schlusskapitel (8.) die Forschungsfrage und die Anfangsthesen auf der Basis der gewonnenen Erkenntnisse untersucht und beantwortet. Die Antworten können nur eine Momentaufnahme und möglicherweise einen Ansatzpunkt in der Erforschung der Fürsorge in der DDR darstellen und sind – auch bedingt durch die begrenzte Datengrundlage – nicht generalisierbar.

.

2 Beratung – eine begriffliche Einordnung

Um sich mit der Frage professioneller Beratung in der DDR in den oben benannten Kontexten auseinandersetzen zu können, bedarf es der Klärung einiger Begriffe. Zunächst geht es um die heutige Perspektive auf professionelle Beratung, um sie im Folgenden mit den Erkenntnissen aus der Literatur und den Experteninterviews zum DDR-Kontext ins Verhältnis setzen zu können. Im Weiteren wird der Aspekt Macht in der Beratung betrachtet. Es ist davon auszugehen, dass dieser die praktische Arbeit der Fürsorge in der DDR nicht unerheblich beeinflusst hat, was erste Fragen für die Auseinandersetzung mit professioneller fürsorgerischer Beratung in der DDR aufwirft.

2.1 Professionelle Beratung

Der Begriff „Beratung" ist aus der Alltagssprache entlehnt, im Sinne von „sich beraten" oder Rat suchen oder aber auch Ratschläge bekommen (gewollt oder ungewollt). So gibt es in vielen Bereichen unseres Lebens Beratungsangebote, zum Beispiel: Ernährungsberatung, Studienberatung, Schuldnerberatung und so weiter. Selten stehen dahinter jedoch ausgesprochene Beratungskonzepte. Daher leitet sich die Frage ab: Wie unterscheidet sich nun professionelle Beratung in der Sozialen Arbeit von den oben genannten Beratungsvarianten?

In der Literatur gibt es eine Vielzahl von Definitionen zu den Begriffen „professionell", „Beratung" und dem zusammengefassten Begriff „professionelle Beratung", mit unterschiedlichen Schwerpunkten und Ausrichtungen. Im Folgenden geht es um eine erste Klärung der Begriffe. Laut Fremdwörterbuch hat das Wort „professionell" lateinisch-französische Wurzeln. Es bedeutet sowohl „eine Tätigkeit als Beruf ausübend, als Beruf betreiben" – als auch „fachmännisch" bzw. „von Fachleuten zu benutzen".[11] „Beratung" meint: „eine Form der mündlichen oder auch schriftlichen Hilfeleistung oder Unterstützung […], aber auch eine besondere Form der Unterredung […]."[12]

---

11 Vgl. Wissenschaftlicher Rat der Dudenredaktion (Hrsg.): *Duden. Das Fremdwörterbuch*, Band 5, Mannheim Zürich 2010, 636.

12 Deutscher Berufsverband für Soziale Arbeit e.V., folgend abgekürzt als DBSH: *Qualitätsbeschreibung sozialprofessionelle Beratung*, Halle, 2002, 3. PDF-Download von https://www.dbsh.de/profession/haltung-der-profession/sozialprofessionelle-beratung.html, abgerufen am 07.06.20.

Versucht man die Definitionen zum Begriff „Professionelle Beratung" zu bündeln, lassen sich nach Nußbeck folgende Aspekte herauskristallisieren: „Beratung ist ein zwischenmenschlicher Prozess in sprachlicher Kommunikation. Beratung dient neben der Vermittlung von Informationen der Verbesserung der Selbststeuerung und dem Aufbau von Handlungskompetenzen, der Orientierung und Entscheidungshilfe, der Hilfe bei der Bewältigung von Krisen. Der Ratsuchende ist veränderungswillig, sucht die Beratung in der Regel freiwillig und ist aktiv am Prozess beteiligt. Der Berater braucht Fachwissen über das Problemfeld und Beratungswissen zur Beziehungsgestaltung."[13]

In der professionellen Beratung geht es um einen Interaktionsprozess zwischen den Klienten und den Beratern auf Augenhöhe. Damit die Klienten ihre Herausforderungen bewältigen können, ist es Ziel der Beratung, die Selbstwirksamkeit der Klienten zu stärken und ihre Ressourcen zu nutzen. „Beraten ist als ein Handeln definiert, das auf die Änderung eines – wie auch immer verursachten – Zustands der Hilfebedürftigkeit, auf die Bewältigung einer Krise gerichtet ist. Hilfebedürftigkeit erfasst [...] alle Formen von Problemen des Klientel, seien es nun Probleme mit der Sozialhilfe oder in Fragen des Asylrechts genauso, wie bei Problemen in persönlichen oder Beziehungsfragen, bis zu krisenhaften Entwicklungen. Der Anlass der Hilfebedürftigkeit kann individueller Art sein oder auch aufgrund von externen Situationen hervorgerufen werden und muss individuell nicht immer als Problem erlebt werden."[14]

Anders als im psychologischen Kontext geht es nicht um Heilung. Sozialprofessionelle Beratung übernimmt bei klarem therapeutischem Bedarf die Rolle der Vermittlung und Begleitung in das therapeutische Setting, da sie selbst das Problem im Rahmen ihrer Möglichkeiten nicht „lösen" kann. Professionelle Beratung ist im besten Sinne entwicklungsfördernd und idealerweise auch präventiv, um also in Zukunft handlungsfähig zu sein. Nach Nestmann und Sickendiek ist professionelle Beratung demnach eine „formalisierte und [...] eigenständige Hilfeform – [die] dort statt-[findet], wo als Berater ausgewiesene Fachkräfte auf dem Hintergrund von Beratungstheorien und Beratungswissenschaft methodisch geschult tätig sind. Im günstigsten Fall beraten sie geplant, reflektiert und evaluiert in einem beratungsethischen Rahmen, in definierten beruflichen Rollen und in definierten Berater-Klienten-Beziehungen – oft als Teil einer Beratungsorganisation und eines bestimmten Beratungssettings."[15] Alle Berater

---

13 Nußbeck, Susanne: *Einführung in die Beratungspsychologie*, München Basel 2014, 21.
14 DBSH: *Qualitätsbeschreibung sozialprofessionelle Beratung*, 3.
15 Nestmann, Frank; Sickendiek, Ursel: *Beratung*. In: Otto, Hans-Uwe; Thiersch, Hans (Hrsg.): *Handbuch Soziale Arbeit*, München Basel 2015, 153.

(aber auch alle Klienten) handeln auf der Grundlage eines bestimmten Menschenbildes, das durch gesellschaftliche Normen und Werte geprägt ist, die sie in ihrem Sozialisationsprozess verinnerlicht haben. Im Rahmen ihrer Ausbildung haben die Berater entsprechende fachliche Inhalte vermittelt bekommen, die sie dazu befähigen sollen, ihr erlerntes Grundverständnis kritisch zu reflektieren und eine eigene Haltung für die Arbeit mit den Klienten zu entwickeln. Da es schlicht nicht möglich ist, ethisch völlig neutral wahrzunehmen oder zu beraten, bedarf es einer stetigen kritischen Reflexion und Anpassung des eigenen Handelns im professionellen Kontext.[16]

Professionelle Beratung im Sinne der DSHB in der Sozialen Arbeit ist eine wiederkehrende, durch berufseigene Normen gebundene, theoretisch fundierte und reflektierte, eigenständige – das heißt sowohl von anderen beruflichen Handlungen als auch von der Beratung in anderen Berufen unterschiedene – und somit eine an den professionellen Prinzipien orientierte Praxis.[17]

In Abgrenzung zu anderen spezialisierbaren oder therapeutischen Beratungsformen agiert sie ressourcen- und lebensweltorientiert, indem sie in und mit den Strukturen des Klientels arbeitet, vorhandene Netzwerke nutzt oder erweitert/neu initiiert und damit alle verfügbaren Unterstützungssysteme einbezieht und somit mehr als nur eine „Problem-Lösungs-Beratung" sein will, da sie eine ganzheitliche und grundlegende Veränderung anstoßen möchte.[18] Basis für diese Arbeit sind grundlegende Maximen, wie die Wahrung und Umsetzung der Menschenrechte (Menschenwürde, Freiheit, und so weiter), „die Förderung der sozialen Gerechtigkeit, ein solidarischer Beistand und eine subsidiäre Organisation von Hilfen."[19]

Damit wird soziale Beratung zu der zentralen Handlungsform der Sozialen Arbeit. Für diese Beratungstätigkeit haben sich im Zuge der Professionalisierung diverse Standards herausgebildet (Nachhaltigkeit, zielgerichtet, kontextspezifisch, in einem zeitlich begrenzten Rahmen, gemeinsame Suche nach Lösungsansätzen…), die dabei helfen sollen die für die Klienten gesetzten Ziele zu

---

16 Vgl. Nußbeck, Susanne: *Einführung in die Beratungspsychologie*, München Basel 2014, 23.
17 Die Definition folgt den Ausführungen der DSHB/ DSHB: *Qualitätsbeschreibung sozialprofessionelle Beratung*, 1–2.
18 Vgl. DSHB: *Qualitätsbeschreibung sozialprofessionelle Beratung*, 2.
19 Ansen, Harald: *Soziale Beratung im Grundriss*. In: http://dvsg.org/uploads/media/SozialeBeratungAnsen_04.pdf, Jahr ohne Angabe, 1, abgerufen am 14.06.20.

erreichen.[20] Um dies zu verwirklichen, müssen auf der beratenden Seite die entsprechenden Rahmenbedingungen (personell, fachlich, räumlich/technisch) gegeben sein. Die Fachkräfte müssen sowohl fachlich als auch persönlich kompetent sein. Ersteres wird durch das Studium der Sozialen Arbeit (oder einen vergleichbaren Abschluss) geleistet – idealerweise erweitert durch entsprechende Qualifikationen für die beratende Tätigkeit, durch regelmäßige Fort- und Weiterbildungen, Supervisionen, Fachberatungen und genügend Zeit für die Vor- und Nachbereitungen. Letzteres umfasst ein hohes Maß an Beziehungsfähigkeit bei gleichzeitiger Wahrung der professionellen Distanz, an Kommunikationsfähigkeit und Gesprächsführungskompetenz sowie die Fähigkeit zur kritischen Reflexion. Die räumlich/technischen Voraussetzungen sichern ab, dass die für die Beratung notwendigen Mittel zur Verfügung stehen.[21] Unerlässlich und zwingend notwendig für das Gelingen einer Beratung sind die Wahrung der Vertraulichkeit und eine Schweigepflicht zum Schutz der Klienten. Gleichzeitig tragen die Berater eine große Verantwortung im Umgang mit den Klienten und müssen im besonderen Maße eine Sensibilität für Grenzen und „Gefahrenpotenziale" entwickeln. Auch wenn die Klienten als gleichrangige Partner betrachtet werden, gibt es eine gewisse Asymmetrie in der Klienten-Berater-Beziehung.

Die hilfesuchenden Klienten sind in der krisenhaften Situation davon abhängig, dass ihnen die Berater helfend zur Seite stehen. Daher müssen die Berater einerseits gerade mit sensiblen oder tabuisierten Themen verantwortungsbewusst umgehen, andererseits aber auch Manipulationsstrukturen erkennen. Ebenso dürfen sie als Berater weder selbst manipulativ, noch übergriffig agieren. Nur mit dem Einverständnis der Klienten können die Berater bei Bedarf Dritten Informationen weitergeben, es sei denn sie erlangen Kenntnis von vollzogenen oder geplanten Straftaten oder einer Gefährdung von Dritten.[22] Beratung in der Sozialen Arbeit unterscheidet sich von anderen Beratungsformen nicht nur durch die Inhalte und Ziele, sondern auch durch die Betonung ethischer und formaler Standards. Ein wichtiges Ziel dieser Standards besteht in der Reflexion der asymmetrischen Beziehungsstruktur in der Beratung und dem

---

20 Dazu gehört, dass die Klienten Orientierungshilfe erhalten haben, ihren Lebensalltag wieder bewältigen können, neue Einsichten gewonnen haben, Eigenverantwortung übernehmen, in Zukunft mit ähnlichen Situationen umgehen können et cetera.

21 Darin inbegriffen sind: ein separater Raum für die Gesprächssituation, Möglichkeiten äußere Störungen zu vermeiden, Materialien wie Flipchart, Papier, Stifte etc. und eine geeignete einheitliche Dokumentationsform des Arbeitsprozesses. Vgl. DSHB: *Qualitätsbeschreibung sozialprofessionelle Beratung*, 9–10.

22 Vgl. Die berufliche Schweigepflicht gemäß § 203 StGB.

daraus resultierenden Machtgefälle. Durch das Einhalten der Standards sollen Probleme, die sich hieraus ergeben können, aufgedeckt und entschärft werden.

2.2 Macht und Beratung

Damit man die Beratungsstandards und deren potenziell zugrunde liegenden Machtstrukturen kritisch reflektieren und berücksichtigen kann, bedarf es der Klärung, welche Machtformen es gibt, welche Funktionen Macht hat und wie diese sich auf die Beratungssituation auswirken können. Diese begriffliche Auseinandersetzung ist notwendig, um die praktische Beratungstätigkeit in der DDR unter Berücksichtigung eines diktatorischen Gesellschaftsprinzips konstruktiv analysieren zu können.

In der Literatur finden sich unterschiedliche Modelle von Macht. Goodrich definiert Macht als Handlungsvermögen, die Möglichkeit und Fähigkeit etwas erreichen oder gestalten zu können.[23] Das bedeutet, „nicht nur auf die eigenen Belange Einfluss zu nehmen, sondern auch auf allgemeinere Angelegenheiten außerhalb der unmittelbaren persönlichen Umgebung".[24] Etzioni versteht unter Macht allgemein die Fähigkeit und Wahrscheinlichkeit, eigene Ideen umsetzen zu können. Die Macht über andere Menschen entsteht nicht zwangsläufig, sondern durch persönliches oder kollektives Wirkungsvermögen, durch spezifische Eigenschaften und Fähigkeiten der Akteure.[25] Nach Weber bedeutet Macht „… jede Chance, innerhalb einer sozialen Beziehung den eigenen Willen auch gegen Widerstreben durchzusetzen, gleichviel worauf diese Chance beruht."[26] Weber beschreibt Macht als Charakteristikum sozialer Beziehungen. Durch sie kann man anderen den eigenen Willen aufzwingen, zum Handeln im fremden Interesse zwingen, andere beeinflussen und kontrollieren.[27] Diese unterschiedlichen

---

23 Vgl. Nestmann, Frank; Sickendieck, Ursel: *Macht und Beratung.* In: Nestmann, Frank; Engel, Frank (Hrsg.): *Die Zukunft der Beratung,* Tübingen 2002, 165. Die Autoren beziehen sich auf: Goodrich, Thelma Jean (Hrsg.): *Frauen und Macht. Neue Perspektiven für die Familientherapie,* Frankfurt a. M. 1994, 19–21.

24 Nestmann, Frank; Sickendieck, Ursel: *Macht und Beratung,* 165. Die Autoren beziehen sich auf Goodrich: *Frauen und Macht,* 22.

25 Vgl. Nestmann, Frank; Sickendieck, Ursel: *Macht und Beratung,* 165. Die Autoren beziehen sich auf: Etzioni, Amitai: *The active society. A theory of societal and political processes,* New York 1968, 359.

26 Weber, Max: *Soziologische Grundbegriffe,* Tübingen 1921/1984, 28. Zitiert nach: Gukenbiehl, Hermann L.: *Macht.* Artikel in: Schäfers, Bernhard (Hrsg.) *Grundbegriffe der Soziologie,* Opladen 1986, 173.

27 Vgl. Nestmann, Frank; Sickendieck, Ursel: *Macht und Beratung,* 166.

Definitionsansätze verdeutlichen die Vielfalt, die sich hinter diesem Begriff verbirgt. Macht kann sowohl positive als auch negative Ausformungen haben. Es kommt immer auf den jeweiligen Zusammenhang, die Ausgestaltung der entsprechenden Situation und die Beziehungsebene an.

Nestmann differenziert dafür Macht in verschiedene Typen. Er unterscheidet nach Machtquellen und Formen der Akzeptanz von Macht:

- *Informationsmacht*: Person A besitzt Informationen, die Person B nicht hat, Person A kann entscheiden, ob sie die Informationen weitergeben möchte oder nicht.
- *Belohnungsmacht*: Person A besitzt Mittel, Person B zu belohnen, positiv zu verstärken oder dies nicht zu tun.
- *Zwangsmacht*: Person A verfügt über Mittel, eine andere Person gewaltsam zu bestimmten Handlungen zu bringen oder sie daran zu hindern.
- *Legitime Macht*: Person A besitzt Autorität, die auf Zuschreibung bestimmter sozialer Rollen oder auf ihrem Status basiert und die von anderen Menschen akzeptiert wird.
- *Macht durch Identifikation*: Eine Person will einer anderen etwas gleichtun bzw. akzeptiert sie als Vorbild.
- *Macht durch Expertentum*: Jemand besitzt (oft anscheinend) besondere Kenntnisse und Fähigkeiten auf einem bestimmten Gebiet, die andere Person fügt sich darum seinen Empfehlungen.[28]

Die Informationsmacht, legitime Macht und die Expertenmacht sind im Kontext psychosozialer Arbeit von großer Bedeutung, insbesondere in der Beraterrolle als professionelle Fachleute, die von vielen Klienten auch erwartet wird. Die Identifikationsmacht, Belohnungsmacht und die Zwangsmacht kommen häufig (beinahe automatisch) eher in psychosozialer Funktion vor. Damit wirken strukturelle und individuelle Faktoren in Bezug auf Macht stets zusammen. Macht ist sozial und historisch konstruiert. Machtunterschiede sind universelle und vermeidbare Bestandteile menschlicher Sozialität, aber auch Begleiterscheinungen herrschender gesellschaftlicher, kultureller und institutioneller Verhältnisse. Die Macht, die ein soziales System bestimmten Personen oder Gruppen zuspricht und die zwischenmenschliche Machtunterschiede prägt, nennt man sozial konstruierte Macht oder autoritative Macht. Das Konzept der persönlichen Macht wird der autoritativen Macht gegenübergestellt – auch wechselseitig wirksam, besonders in der Beratungs- und Therapiediskussion. Persönliche

---

28 Vgl. Nestmann, Frank; Sickendieck, Ursel: *Macht und Beratung*, 166.

Macht definiert sich durch kritische Reflexion, Ablegen und Bekämpfung sozial zugeschriebener autoritativer Macht, neben persönlichen Haltungen der Selbstbestimmung und Selbstentfaltung gegenüber sich selbst und anderen.[29] Welche Rolle Macht in der Beratung nun positiv wie negativ einnehmen kann, lässt sich nach Nestmann unter anderem grob anhand der drei folgenden Schwerpunkte – Beratungsmacht als soziale Funktion; Macht in der Beratungsbeziehung; Kontrollverlust als Beratungshintergrund – betrachten.

Beratungsmacht als soziale Funktion

Nestmann unterscheidet zwei Pole professioneller Beratung im Hinblick auf soziale und individuelle Funktionen. Auf der einen Seite steht der „Pol der öffentlichen Einflussnahme auf Menschen und der gesellschaftlichen Kontrolle über Personen, die abweichen, die die Sozialität, in der sie leben, stören oder die geteilten Normen missachten."[30] Hierzu gibt es verschiedene gesellschaftliche Reaktionsformen, zum Beispiel Ausschluss, Verwahrung und Zwang. Beratung dient hier als sanfte Intervention. Auf der anderen Seite steht der Pol der Hilfe und Unterstützung von Menschen bei Anforderungs- und Problembewältigung und bei der persönlichen Entwicklung. Hier helfen Berater bei der Befreiung von innerem und äußerem Zwang und bei der Erhaltung oder Rückgewinnung von Verantwortung, Einfluss und Kontrolle über das eigene Leben.[31] Es „entsteht ein Spannungsfeld zwischen sozialer Integration/Anpassung und der Förderung individueller Autonomie und Stärke".[32] Meist tendieren Berater in ihrem eigenen Selbstverständnis heute zum „befreienden und Autonomie stärkenden Pol". Diese Haltung entspricht jedoch oft nicht der (gesellschaftlichen) Beratungsrealität, in der sich die Berater in der Praxis wiederfinden. Neben dem Anspruch auf individuelle und ressourcenorientierte Beratung im Sinne der Klienten, steht die klare Erwartung im Raum, Konformität und Anpassung bei den Klienten (wieder-)herzustellen – mit dem (zum Teil berechtigten) Ziel gesellschaftliche (finanzielle) Entlastung zu schaffen. Beratung dient damit nicht nur einer individuellen Selbstverwirklichung und -entfaltung, sie muss auch alle anderen psychosozialen Interventionsbereiche beachten.

Die grundlegend vorausgesetzte Freiwilligkeit in der Beratung wird gern auch für öffentliche Einfluss- und Lenkungsmaßnahmen genutzt, zum Beispiel für

---

29 Vgl. Nestmann, Frank; Sickendieck, Ursel: *Macht und Beratung*, 166.
30 Nestmann, Frank; Sickendieck, Ursel: *Macht und Beratung*, 167.
31 Vgl. Nestmann, Frank; Sickendieck, Ursel: *Macht und Beratung*, 167.
32 Nestmann, Frank; Sickendieck, Ursel: *Macht und Beratung*, 167.

die Schwangerschafts-Konflikt-Beratung oder beim Arbeitsamt. Das hat positive wie negative Aspekte. Die Nichtinanspruchnahme von Beratung – gerade im staatlichen/gesellschaftlichen Kontext – führt aber nicht selten zu verpflichtenden oder zwangsförmigen Interventionen bzw. zum Nichtgewähren öffentlicher Unterstützung. Diese Hilfe-Kontroll-Ambivalenz zeigt sich auch häufig im Doppelmandat vieler Berater – einerseits Hilfestellung anzubieten, gleichzeitig aber auch soziale Kontrolle auszuüben und damit zum Teil verdeckt, subtile soziale Zwänge weiterzugeben und den Ausschluss, Unterdrückung oder soziale und persönliche Demoralisierung zu befördern.[33]

Macht in Beratungsbeziehungen

Ein weiterer zentraler Aspekt in der Beratung nach Nestmann ist die Machtverteilung zwischen dem Berater und dem Klienten. Diese Beratungskonstellationen sind durch Ungleichverteilung von Einfluss und Macht geprägt. Die Klientenrolle ist bei Inanspruchnahme von Hilfe gekennzeichnet durch Verunsicherung, Desorientierung, Überforderung und verleiht dadurch der komplementären Beraterrolle höheren Einfluss und größere Macht. Das Offenbaren eines Anliegens an die „Experten" fordert und fördert dessen Einfluss, denn die Veröffentlichung eines Problems macht Klienten verletzlich. Die Informationen können auch missbraucht werden. Schon die bloße Erfahrung vieler Klienten, zugewandte und um Unterstützung bemühte Zuhörer und Gesprächspartner zu finden, verschafft den Beratern Einflusskraft. Für die Beratung ist die Beziehungs- und Situationsgebundenheit der Macht von unmittelbarer Bedeutung.[34] „Mit der besonderen Konstellation von helfenden Experten und hilfesuchenden Laien ist generell ein Übergewicht von Macht auf Seiten der Berater verbunden."[35]

Dennoch können in der Praxis Klienten versuchen, durch Vereinnahmungs- und Manipulationsversuche, Macht über die Berater oder zumindest über die Beratungssituation zu erlangen. Gleichzeitig verfügt der Berater auch über persönliche Macht, die in ihren alltäglichen Dimensionen allerdings nur selten so explizit reflektiert wird. Persönliche Macht (als Gegenteil „sozialkonstruierter autoritativer Macht […], die sich aus gesellschaftlichem Status und sozialer und institutioneller Machtfunktion ableitet"[36]) entsteht, wenn bewusst die sozial

---

33 Vgl. Nestmann, Frank; Sickendieck, Ursel: *Macht und Beratung*, 167–170.

34 Vgl. Nestmann, Frank; Sickendieck, Ursel: *Macht und Beratung*, 170–171.

35 Nestmann, Frank; Sickendieck, Ursel: *Macht und Beratung*, 170.

36 Nestmann, Frank; Sickendieck, Ursel: *Macht und Beratung*, 171.

zugeschriebene Macht- und Kontrollfunktion abgelegt wird und eine fachlich fundierte Handlungsmaxime im Beratungskontext entwickelt wird. Entscheidend dabei ist die Unterstützung und Würdigung der eigenen Erfahrungen und die Selbstbestimmung der Klienten (ebenso die der Berater). Durch das Agieren „auf Augenhöhe" zwischen Klient und Berater, auf der Grundlage der notwendigen Fachkompetenz auf Seiten des Berater, werden unreflektierte Zuschreibungen „äußerer" Autorität und Macht grundsätzlich in Frage gestellt und offen thematisiert. Damit kann aus der „äußeren" Machtzuschreibung eine „innere" Autorität entstehen, die die Selbstbestimmung auf beiden Seiten fordern und fördern kann.[37]

Unter Umständen kann das aber auch zu Rollenkonflikten für den Berater führen, gerade im Hinblick auf die unterschiedlichen Erwartungen von Außen (Arbeitgeber/Auftraggeber) und dem identifizierten und explizit benannten Bedarf auf Seiten des Klienten – gerade wenn die eigene Haltung/der eigene Anspruch mit den Erwartungen des Auftraggebers/des Arbeitgebers und/oder des Klienten kollidieren. Dies zeigt, dass es im professionellen Beratungskontext zwangsläufig zu Konflikten zwischen den Elementen persönlicher und autoritativer Macht kommen kann, was besonders dann problematisch wird, wenn diese Aspekte übersehen und eben nicht professionell reflektiert und bearbeitet werden.

Ebenso relevant sind in diesem Zusammenhang die Differenzierung von Kontroll- und Sanktionsmacht im Rahmen der Beratung und der verantwortungsbewusste Umgang damit. Macht durch Kontrolle beinhaltet die Möglichkeit, die Situation und das Handlungsvermögen eines anderen durch eine bestimmte Aktion oder deren Unterlassung zu manipulieren, mit und ohne Wissen der anderen Seite.[38] Dazu gehört auch das Bereitstellen oder Vorenthalten von Informationen. Sanktionsmacht meint das Verfügen über Instrumente und Praktiken, um das Verhalten anderer durch Belohnung oder Bestrafung in eine gewünschte Richtung zu lenken. Wer über die wirkungsvollsten Sanktionsmittel verfügt und selbst von den Machtausübungen anderer unberührt bleibt, besitzt die größte Macht.[39] Eine besonders problematische Form von Machtausübung und des Machtmissbrauchs in der Beratung ist, wenn sie in (körperliche und/oder seelische) Gewalt umschlägt und der Berater seine Position zum Nachteil für den Klienten ausnützt und dem Klienten schadet. Davor sollen die

37 Vgl. Nestmann, Frank; Sickendieck, Ursel: *Macht und Beratung*, 171–172.
38 Vgl. Nestmann, Frank; Sickendieck, Ursel: *Macht und Beratung*, 171.
39 Vgl. Nestmann, Frank; Sickendieck, Ursel: *Macht und Beratung*, 170–171.

Anwendung der bereits oben erwähnten ethischen Richtlinien und eine stetige Evaluation im professionellen Beratungskontext schützen.[40]

In der Zusammenstellung wird deutlich, dass in der professionellen Beratungskonstellation immer mehrere Formen von Macht wirksam werden. Dazu gehören also die verschiedenen Einflussfaktoren auf den Beratungsprozess, die Interaktion zwischen den Gesprächspartnern und das Beratungssetting selbst. Weiteren Einfluss haben die Ausbildung, die Erfahrungen und der Status der Berater. Sie verfügen über die Definitionsmacht in der Beratungssituation. Das zeigt sich in den Einflussunterschieden zwischen Berater und Klienten mehr oder weniger offensichtlich.

Ganz offensichtliche Einflussunterschiede zwischen Berater und Klienten sind:

- Die Berater und deren Institutionen bestimmen, wann, wo, was, wie geschieht.
- Zwischen den Beteiligten wird nur wenig offener Aushandlungsprozess zugelassen.
- Meist findet die Beratung selbst auf dem Terrain der Berater statt.
- Der äußere Rahmen für professionelle Beratungsprozesse ist an den Interessen und Bedürfnissen von Berater und ihren Institutionen orientiert, jedoch nicht zwingend an den Wünschen und Erwartungen der Ratsuchenden.
- Es herrscht eine Mittelschichtorientierung von Beratungseinrichtungen und -angeboten vor, was ungleiche Zugangschancen und Zugangsstellen für potentielle Nutzer nach sich ziehen kann.
- Auch Sprachbarrieren können nachteilig wirken, besonders eine defizitorientierte Berater- und Therapeutensprache gegenüber dem Klientel. Die Ungleichheit in der Beratungssprache überträgt sich auf die Beziehung selbst. Die Berater können durch diese Sprache die Klienten kontrollieren.
- Berater wissen viel von den Klienten und ihrer Welt und erfahren in der Beratung noch mehr.
- Die Beratungskonstellationen sind oft verbindlich für die Ratsuchenden, denn sie können sich schlecht entziehen.
- Gleichzeitig wird die Berater-Klienten-Beziehung von Klienten oft als „Freundschaft" erlebt und (miss)gedeutet. Das bedeutet, dass die Beratenden oft sehr zwischen Nähe und Distanz „balancieren" müssen. Die professionelle Berater-Klienten-Beziehung kann sich leicht hinter einer falschen Fassade – einer „korrupten Quasi-Freundschaft" verstecken, so wird aber die Beziehung für beide Seiten destruktiv.[41]

---

40 Vgl. Nestmann, Frank; Sickendieck, Ursel: *Macht und Beratung*, 170–172.
41 Vgl. Nestmann, Frank; Sickendieck, Ursel: *Macht und Beratung*, 172–173.

Verschärft werden diese Punkte, wenn man zusätzlich einige aktuelle Entwicklungen berücksichtigt, in denen soziale Beratung als Dienstleistungsangebot für „Kunden" verstanden wird, das sich im Sinne einer ökonomischen Effizienzsteigerung immer mehr Effektivieren und Professionalisieren soll, um in immer kürzeren Beratungsintervallen Probleme zu lösen und nachhaltige Erfolge zu generieren.

Kontrollverlust als Beratungshintergrund

Um wirksame Beratung initiieren zu können, muss in der Beratung der Schritt von der reinen Hilfestellung hin zum Empowerment geschaffen werden.[42] „Die Beratungsanlässe waren und sind immer schon Anlässe des persönlichen Macht-, Einfluss- und Kontrollverlusts."[43] Welche Folgen dieses ungleiche Machtgefälle hat, wird dann am deutlichsten, wenn Berater mit unterprivilegiertem Klientel oder gesellschaftlichen Randgruppen arbeiten. Hier gehen die persönliche Wirkmächtigkeit der Klienten und die autoritativer und institutioneller Macht, welche die Berater durch ihre Rollenzuschreibung innehaben, weit auseinander. Deshalb ist es gleichzeitig so wichtig, bewusst die Zugangsmöglichkeiten für sozialarbeiterische Beratung möglichst niedrigschwellig zu gestalten, um potenziell Benachteiligten den Zugang zum Hilfesystem zu erleichtern.

Die Klienten erringen im besten Fall durch die Beratung ihre eigene Wirkmächtigkeit zurück und Überwinden dadurch den persönlichen Kontrollverlust. Dies kann zusätzlich durch die Teilnahme an einer Selbsthilfegruppe verstärkt und abgesichert werden. In den letzten Jahren wird Hilfe immer häufiger auch von Menschen, die fremde Macht, Machtmissbrauch, Gewalt und den Verlust eigener Kontrolle erfahren haben, in Anspruch genommen. Es handelt sich meist um Menschen, die zu Objekten der Macht anderer geworden sind und deshalb zu Hilfesuchenden wurden.[44]

Was bedeutet es dann konkret, wenn Empowerment im Konzept von Macht und Beratung berücksichtigt werden soll? McLeod entwirft dafür drei Perspektiven, um die Dimensionen von Macht in der Beratung offensiv aufgreifen zu können und „Strategien für eine emanzipatorische Beratungspraxis zu entwickeln:

---

42 Empowerment bedeutet, dass der Fokus professioneller Sozialer Arbeit auf die Selbstgestaltungskräfte der Menschen gelenkt wird. Vgl. Sohns, Armin: *Empowerment als Leitlinie Sozialer Arbeit*. In: Michel-Schwarzte (Hrsg.): *Methodenbuch Soziale Arbeit*, Wiesbaden 2009, 77.
43 Vgl. Nestmann, Frank; Sickendieck, Ursel: *Macht und Beratung*, 175.
44 Vgl. Nestmann, Frank; Sickendieck, Ursel: *Macht und Beratung*, 175–176.

1 eine Kritik der herrschenden Beratungstheorie und -praxis, die eigene Macht verschleiern,
2 eine Entwicklung „nutzerfreundlicher" Beratungsansätze,
3 Empowerment als Beratungsziel".[45]

Die Entwicklung und Realisierung von Beratungsansätzen auf der Basis des Empowermentkonzept,[46] bedürfen demnach machtkritischer und nutzerfreundlicher Grundsätze. Die Entwürfe solch neuer selbstbestimmender und selbstkontrollierender Konzepte kommen meist von Betroffenengruppen. Nutzerfreundliche Beratungsentwürfe richten sich auf die Entwicklung einer generell (bedürfnis)-gerechten Beratungspraxis aus.

Hierzu werden Prinzipien formuliert, die unter anderem die Anforderungen an die Berater definieren, die die Nutzer mit Rücksicht auf ihre sozialen und kulturellen Charakteristiken in den Blick nehmen und deren jeweilige ideografische Muster sehen und entsprechende Beratungssensibilität berücksichtigen. Es müssen Beratungsformen gewählt werden, die primär den Bedürfnissen der Nutzer entsprechen und die auf ihre Interessen hin ausgerichtet werden. Beratung kann und muss oft nur vermittelnd helfen.

Eine gelingende Berater-Klienten-Beziehung ist in diesem Kontext eine unabdingbare Grundlage für Erfolg und Befriedigung. Die Beziehung soll von beiden Seiten gestaltet werden. Widersprüche und Herausforderungen müssen ertragen werden können. Um professionell handeln zu können, wird verlangt, den ethischen Aspekten eine zentrale Rolle in der Beratungssituation einzuräumen und sie allem voranzustellen. Hierzu müssen die Machtverhältnisse und Machtdifferenzen in der Beratung offengelegt und thematisiert werden. Wichtig ist auch eine hohe (Selbst-)Reflexivität der Beratenden, zum Beispiel sich in die konflikthafte Situation der Hilfesuchenden hineinzuversetzen und zu durchdenken, wie man selbst die eigenen Unterstützungsversuche annehmen würde. Zusätzlich wird eine dauerhafte Integration von Beratungsevaluation durch die Nutzer (als Qualitätsstandard) gefordert. Diese Prinzipien stellen die Nutzer in den Mittelpunkt und bilden die Grundlage für Emanzipation und Empowerment in der Beratung.[47]

---

45 Vgl. Nestmann, Frank; Sickendieck, Ursel: *Macht und Beratung*, 176. Die Autoren beziehen sich auf Mc Leod, J.: An introduction to counselling, Buckingham 1998.
46 Vgl. Sohns, Armin: *Empowerment als Leitlinie Sozialer Arbeit*, 77.
47 Vgl. Nestmann, Frank; Sickendieck, Ursel: *Macht und Beratung*, 176–179.

2.3　Was ergibt sich daraus für die Fragestellung zur Beratung im Fürsorgekontext der DDR?

Eine einigermaßen umfassende Definition zur professionellen fürsorgerischen Beratung in der DDR findet sich in der Literatur nicht. Eine Ausnahme bildet die katholische Ehe- und Familienberatung, die in Anlehnung an westdeutsche Standards konzipiert wurde, die aber sowohl in Anbetracht der geringen Zahl der Ausgebildeten als auch aufgrund der weltanschaulichen Unterschiede und institutionellen Trennung nicht als repräsentativ für die Fürsorge in der DDR gelten kann. Unbestreitbar ist, dass die Fürsorger (egal in welchem Bereich) unter anderem beratend tätig waren. Ob diese Beratung aber als ein spezifischer Tätigkeitsbereich von den Fürsorgern selbst angesehen wurde oder im Rahmen des Berufsalltags der Fürsorge gewissermaßen „einfach nebenbei passierte", lässt sich anhand der Literatur nicht nachvollziehen. Im Anschluss an die oben herausgearbeiteten Begrifflichkeiten und im Vorgriff auf die folgenden Kapitel lassen sich jedoch einige Problemfelder im Hinblick auf die hauptberufliche fürsorgerische Beratung in der DDR identifizieren.

Die zentrale Frage ist: Inwieweit lassen sich die oben genannten Standards unserer heutigen Sozialen Arbeit in einer freiheitlich-demokratischen, letztlich (im weitesten Sinne) liberalen und offenen Gesellschaft als Maßstab auf die professionelle fürsorgerische Beratung in einer diktatorisch angelegten geschlossenen Gesellschaft wie der DDR übertragen? Lässt ein Staat, der massiv regulierend und zum Teil entmündigend in das Leben seiner Bürger eingreift, gerade in schwierigen Lebenssituationen die Entwicklung von Selbstermächtigung, wirklicher Individualität und intellektueller Freiheit zu? Ist das kompatibel mit dem ideologischen Ziel und Leitbild den „neuen Menschen" als „sozialistische Persönlichkeit" und treuen Staatsbürger erziehen zu wollen, der im Sinne des Kollektiv-Vorteils die Gesellschaft mitgestalten soll? Kann es dann in der professionellen Beratungssituation tatsächlich um den Einzelnen mit seinen individuellen Bedürfnissen und Fähigkeiten gehen?

Oder geht es dabei eher um das Wiederherstellen der „Funktionsfähigkeit" bei aktuell nicht ausreichend angepasstem Verhalten, umgesetzt durch die lebenslang vorgesehene Erziehung durch den Staat, welche die erneute Anpassung an das Gesellschaftskollektiv ermöglicht?[48] Wie kann professionelle Beratung in der

---

48　Vgl. Bildungsserver Berlin/Brandenburg: Materialsammlung zum Thema – *Opposition und Repression in der DDR*. Artikel: *Die „Norm" der sozialistischen Persönlichkeit*, Jahr ohne Angaben. In: https://bildungsserver.berlin-brandenburg.de/fileadmin/havem ann/docs/material/9_M.pdf, abgerufen am 07.06.20.

DDR Grundelemente wie Anonymität, Freiwilligkeit, Vertraulichkeit oder auch die Menschenrechte in ihrer Arbeit umsetzen und gewährleisten? War das in einem System, das derart macht-hierarchisch aufgebaut und darauf angewiesen war, die korrekte (durch den Staat vorab definierte) Entwicklung ihrer Bürger dauerhaft zu überwachen, überhaupt gewollt? Wie frei konnten die Fürsorger in ihrem Berufsfeld agieren, beziehungsweise inwieweit wurde die eigene Macht-position positiv wie negativ in der Beratungssituation genutzt und reflektiert? Wie war eine (konstruktive) Zusammenarbeit zwischen den Fürsorgern und den Betroffenen gestaltet? Wie stark unterlag die Fürsorge selbst den von „oben" definierten Machtstrukturen und war im weitesten Sinne eventuell nur ausfüh-rendes Organ – wie viel Handlungsspielraum gab es wirklich? Ging es im fach-lichen Diskurs der Fürsorge um die Verbesserung der real existierenden sozialen Bedingungen und Lebensverhältnisse der Betroffenen und der Gesellschaft im Ganzen oder folgte die Fürsorge im Sinne der allseits gegenwärtigen Planwirt-schaft auch nur ihrer „Planerfüllung"? Welche Rolle hatte die staatliche Fürsorge in der DDR?

Inwieweit und in welcher Form hat sich die katholische Fürsorge davon unterschieden oder bewusst abgesetzt? Das christliche Menschenbild, das die Einzelnen als Individuen, als von Gott geschaffen und gleichzeitig als Ebenbil-der Gottes versteht, geht zwar auch davon aus, dass die Menschen eine Lebens-gemeinschaft mit anderen Menschen suchen und benötigen, aber sie müssen nicht erst durch sie zu Persönlichkeiten „gemacht" werden.[49] Sie sind auch ohne die Zugehörigkeit zu einer bestimmten Gesellschaft bereits Personen. Sie ste-hen vor der Aufgabe – vereinfacht ausgedrückt – diese Persönlichkeiten durch das eigene Denken und durch Impulse von außen, mit Hilfe ihrer Vernunft auf der Basis ethischer Prinzipien und dem christlichen Glauben zu reflektie-ren und zu entwickeln. Sie sind dadurch Menschen mit Verantwortungsgefühl für sich und für andere. Aber unabhängig davon haben sie von vornherein als Personen und Geschöpfe Gottes Anspruch auf die Achtung ihrer Würde, auf Freiheit, eine eigene Meinung und die Wahrung ihrer (Menschen-)Rechte. War es den katholischen Fürsorgern innerhalb des DDR-Systems möglich, diesem Anspruch gerecht zu werden? Wurden den Fürsorgern selbst diese Grundrechte (so wie wir es heute als selbstverständliche Grundlage annehmen) in ihrer Arbeit gewährt, beziehungsweise wie bewusst war ihnen die Diskrepanz dieser beiden

---

49 Vgl. Katholische Kirche: *Kathechismus der Katholischen Kirche – Kompendium*, Mün-chen 2005, 48–49.

Menschen- und Weltbilder in ihrer täglichen (Beratungs-) Praxis? Wie wurde mit diesem Spannungsfeld umgegangen?

Nimmt man das alles zusammen, bleiben – fokussiert auf unsere Untersuchung – folgende konkrete Fragen zu klären: Was wurde eigentlich in der staatlichen wie der katholischen Fürsorgepraxis in der DDR unter Beratung verstanden? Gab es eventuell doch (wenn nicht schriftlich festgehalten, zumindest praktisch) bestimmte Qualitätsstandards für die Beratungsgespräche? Gehörte das Thema Beratung und Gesprächsführung zum Ausbildungsinhalt der Fürsorge? Welches Beratungskonzept existierte eventuell praktisch? Waren den Fachkräften geeignete Reflexionsmethoden bekannt? Welche rechtlichen und organisatorischen Aspekte mussten sie berücksichtigen? Was war das Ziel der Beratung und welche Rolle nahmen Fürsorger dabei ein? Welchen konkreten Einfluss hatten das sozialistische Gesellschaftssystem, sowie die zentralistische Machtstruktur auf die Beratungstätigkeit?

Im Folgenden wird es nun eine kurze Einführung in das politische System der DDR und die Ausgestaltung der staatlichen Fürsorge, sowie eine kurze Einführung zur Position der katholischen Kirche in der DDR und ihrem Verständnis von katholischer Fürsorge geben.

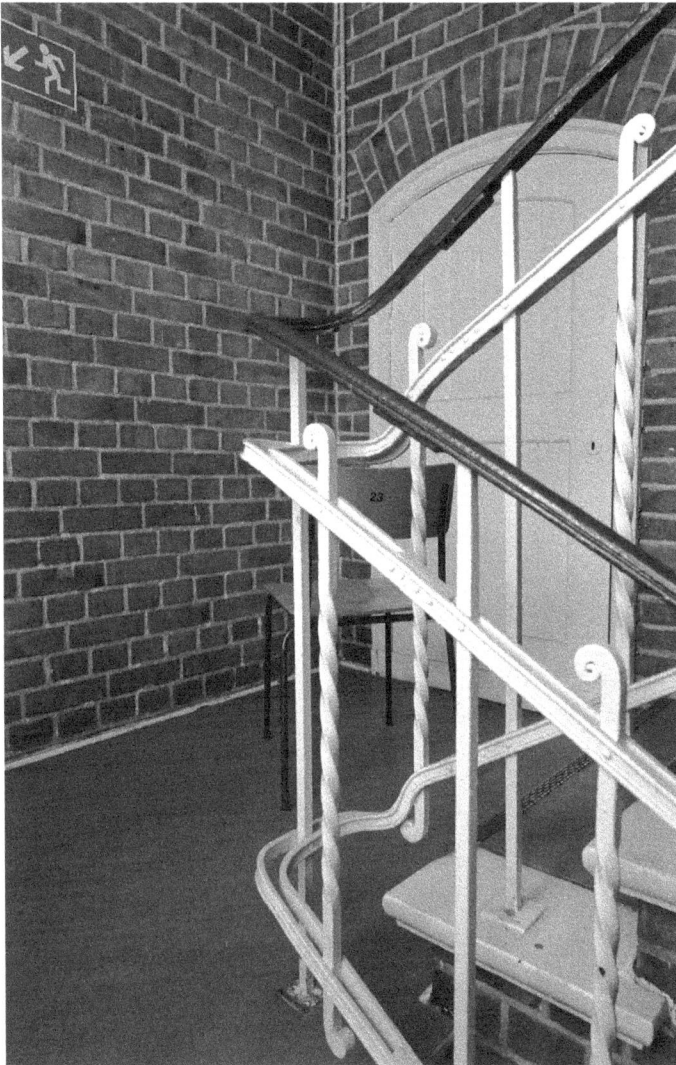

Ein Stuhl, eine beliebige Nummer, …
Das Menschenbild prägt das Handeln

Foto © Max Rudolf Mirschel

3 Die staatliche Fürsorge in der DDR

3.1 Das politische System der DDR

Viele Menschen konnten sich mit (äußerlicher) Anpassungsbereitschaft, Gewitztheit, Gespür, Engagement und Energie in der DDR ein erfolgreiches Leben gestalten. Andere jedoch wurden ausgegrenzt, an ihrer individuellen Lebensgestaltung massiv gehindert, verfolgt und zerbrachen an den Repressionen des Staatsapparates. Das Ideal sozialer Gerechtigkeit, der propagierte Antifaschismus und die Selbstzuschreibung als das „bessere Deutschland" hatten am Anfang eine hohe Anziehungskraft. Unter Führung der SED wurden diese Ziele zu Phrasen. Von Anfang an mangelte es der DDR an demokratischer Legitimation.[50]

Die Geschichte der DDR beginnt schon 1945. Am 7. beziehungsweise 8. Mai 1945 endete der Zweite Weltkrieg mit der bedingungslosen Kapitulation des Oberkommandos der deutschen Wehrmacht. Die Truppen der alliierten Siegermächte Frankreich, Großbritannien, USA und der Sowjetunion hatten das Land in Besitz genommen und Deutschland verlor so seine staatliche Souveränität. Die vier alliierten Staaten übernahmen die oberste Regierungsgewalt in Deutschland mit der Absicht, diese gemeinsam auszuüben und richteten Besatzungszonen ein. Es wurde ein Kontrollrat für die gesamtdeutschen Entscheidungsfragen gegründet. So wurde auf der Potsdamer Konferenz (17.07. bis 20.08.1945) gemeinsam beschlossen, das Land zu entmilitarisieren und abzurüsten, die Bevölkerung zu entnazifizieren, die nationalsozialistischen Gesetze aufzuheben, Kriegsverbrecher zu verurteilen, das öffentliche Leben, die Justiz, das Verwaltungssystem und das Erziehungssystem zu demokratisieren.

Die Alliierten legten das Potsdamer Abkommen mit ihrer Politik sehr unterschiedlich aus. Im sowjetisch besetzten Teil erfolgte die Entnazifizierung rigoroser als in den anderen Teilen Deutschlands. Mit Hilfe deutscher Kommunisten gestalteten die sowjetischen Besatzungsbehörden das politische, wirtschaftliche und gesellschaftliche System nach ihren Vorstellungen. Großgrundbesitz und Industrie wurden sozialisiert und antifaschistische Parteien, Massenorganisationen und Gewerkschaften wurden nach sowjetischem Vorbild installiert. Eine wichtige politische Weichenstellung war die Gründung der Sozialistischen

---

50 Vgl. Hesse, Christine: *Editorial*. In: Malycha, Andreas: *Informationen zur politischen Bildung. Nr. 312/2011. Geschichte der DDR*, Bonn 2011, 3.

Einheitspartei Deutschlands (SED) im April 1946 im Ostteil Deutschlands. Die Sowjetische Militäradministration in Deutschland (SMAD) ordnete am 1. Oktober 1945 die Wiederaufnahme des Schulbetriebes an. Hiermit verbunden war eine Schulreform mit dem Ziel der Entnazifizierung der Lehrkräfte und der Einführung einer Einheitsschule, um besonders den bislang sozial benachteiligten Schichten der Bevölkerung Bildung zu ermöglichen. Ab dem Schuljahr 1946/1947 besuchten alle Kinder eine einheitliche achtjährige Grundschule. Anschließend war ein Wechsel auf eine vierjährige Oberschule oder in eine dreijährige Berufs- oder Fachschule möglich. Die Universitäten sollten das „Bürgerliche Bildungsprivileg" brechen und das Studium der „Arbeiter- und Bauernkinder" fördern. An den Universitäten wurden Arbeiter- und Bauernfakultäten gegründet, um eine neue Führungselite, die eng mit der SED verbunden war, heranzubilden. Die überlieferten Strukturen des deutschen Bildungssystems wurden so gezielt durchbrochen.[51]

Zielsetzung der Neuausrichtung des sozialistischen Bildungssystems war, für alle Schüler, unabhängig von ihrer sozialen Herkunft, einheitliche Bildungsstandards und Bildungschancen zu gewährleisten. Mit der Einführung des Schulfachs „Gegenwartskunde", aus dem sich später das Fach „Staatsbürgerkunde" entwickelte, sollte sichergestellt werden, dass die Umerziehung im Sinne des sozialistischen Leitbilds erfolgreich umgesetzt werden konnte. Die politisch-ideologische Erziehung wurde im Laufe der Zeit auf alle Schulfächer als zentrale und allgegenwärtige Grundlage zur Unterrichtsgestaltung ausgeweitet. „Verbunden war dies mit der Instrumentalisierung der Schule ‚für die unmittelbaren Bedürfnisse der politischen Propaganda' [als das zentrale Element der systematischen Umerziehung]."[52]

Das gegenseitige Misstrauen der Großmächte verstärkte sich mit der Außenministerkonferenz im Frühjahr 1947 in Moskau. Man konnte sich über die „deutsche Frage" nicht einigen. So bemühte man sich, die jeweils eigenen gesellschaftlichen Ordnungsvorstellungen durchzusetzen. Mit dem Scheitern der Londoner Außenministerkonferenz im November/Dezember 1947 begann ein kompromissloser Konfrontationskurs. Es war zu keiner Einigung über eine Durchführung gesamtdeutscher Wahlen gekommen. Durch die globale

---

51 Vgl. Malycha, Andreas: *Informationen zur politischen Bildung. Nr. 312/2011. Geschichte der DDR*, Bonn 2011, 4–16.

52 Bunke, Florian: *Wir lernen und lehren im Geiste Lenins… Ziele, Methoden und Wirksamkeit der politisch-ideologischen Erziehung in den Schulen der DDR*, Oldenburg 2005, 15. Bunke zitiert: Schmitt, Karl: *Politische Erziehung in der DDR*, Paderborn 1980, 22.

Konfrontation zwischen der UdSSR und den Westmächten wuchs die macht-politische Bedeutung Ostdeutschlands und deshalb ordnete die sowjetische Führung der Sicherung der SED-Machtposition einen hohen Stellenwert zu. Die SED sollte in eine Partei nach sowjetischem Vorbild umgewandelt werden. In den Jahren 1948 und 1949 entwickelte sich die SED zu einer straff organisierten Partei. Es herrschten eiserne Disziplin und ein extremer Zentralismus bei der Umsetzung der Parteibeschlüsse.[53]

Die DDR wurde am 7. Oktober 1949 gegründet. Zwischen 1949 und 1961 gelang es der SED schnell, ihre Macht auszubauen, die Wirtschaft und Gesell-schaft nach ihren Vorstellungen zu formen. Im Sinne des Stalinismus wurden aufkeimende Widerstände mit repressiven Mitteln bekämpft. Die Bundesländer wurden aufgelöst und eine administrative Neugliederung der DDR festgelegt. Ab diesem Zeitpunkt existierten 14 Bezirke und Ost-Berlin als 15. Bezirk. Die früheren Kreisverwaltungen wurden verkleinert (in der Regel halbiert). An der Spitze einer neuen Verwaltungseinheit stand der Vorsitzende des Rates des Bezirkes, verbunden mit einem starken hauptamtlichen Apparat. Die eigentliche Machtzentrale war jedoch die jeweilige Bezirksleitung der SED, mit ihrem jewei-ligen ersten Sekretär.[54]

In den 1950er Jahren folgten weitere Schulreformen. 1959 wurden „Zehnklas-sige polytechnische allgemeinbildende Oberschulen" (POS) eingeführt. Schwer-punkt der Reform war die Verzahnung von Bildung, Erziehung, Unterricht mit einem engen Praxis- und Lebensbezug. Für das Abitur erfolgte ab der 9. Klasse der Wechsel in die „Erweiterten Oberschulen" (EOS). Der Zugang zur EOS war jedoch nicht nur von den Leistungen der Schüler abhängig, sondern auch von der regimekonformen politischen Gesinnung der Kinder und ihrer Familien.

Schülern mit einem christlichen Hintergrund etwa wurde dieser Zugang häufig verwehrt oder mindestens deutlich erschwert. Bildungsschwerpunkt war eine umfassende „moderne sozialistische Allgemeinbildung", die sich aus „mathematischen, naturwissenschaftlichen, moralischen, muttersprach-lichen, fremdsprachlichen und ästhetischen Bestandteilen zusammensetzte,"[55] ergänzt durch ein (praktisches) fachspezifisches Können und Wissen. Ziel

---

53 Vgl. Malycha, Andreas: *Informationen zur politischen Bildung. Nr. 312/2011. Geschichte der DDR*, 17–18.

54 Vgl. Malycha, Andreas: *Informationen zur politischen Bildung. Nr. 312/2011. Geschichte der DDR* 19–21.

55 Bunke, Florian: *Wir lernen und lehren im Geiste Lenins…*, 32.

war die Herausbildung eines „neuen sozialistischen Bewusstseins"[56] mit entsprechender Charakterbildung, das eine systemtreue politische Mündigkeit als DDR-Bürger herbeiführen sollte. Dafür wurden grundlegende Kenntnisse zum politisch-ideologischen Modell des Marxismus-Leninismus vermittelt, sowie die Notwendigkeit einer engen Verknüpfung der Produktionsverhältnisse mit der gesamtgesellschaftlichen Entwicklung (der positive Einfluss des Kollektivs, sowie hohe Arbeitsmoral) propagiert. Dies bildete die Grundlage, um die wirtschaftlich-technische Revolution erfolgreich bewältigen zu können, durch die aktive Mitgestaltung der Bürger an der sozialistisch demokratischen Gesellschaftswirklichkeit, unter der Führung und durch die Richtlinienkompetenz der SED-Spitze.

Im Jahr 1960 war eine innere Krise in der DDR zu spüren. Unter anderem aufgrund einer gravierenden Versorgungskrise verließen immer mehr Menschen die DDR in Richtung Bundesrepublik. Die DDR verlor so viele junge und hochqualifizierte Arbeitskräfte. Durch den Mauerbau im August 1961 versuchte die SED-Führung den drohenden Kollaps und den damit verbundenen Machtverlust zu verhindern und die Fluchtbewegung zu stoppen.[57] 1962 wurde die allgemeine Wehrpflicht eingeführt.[58] In den 1960er Jahren bemühte sich die SED, das bestehende gesellschaftliche System und ihre Macht zu stabilisieren, in dem sie versuchte, das planwirtschaftliche System an die Erfordernisse einer modernen Industriegesellschaft anzupassen. Nachhaltige Erfolge blieben jedoch aus. Neben mehreren Wirtschaftsreformen standen weiterhin Bildung und Erziehung im Mittelpunkt der Gesellschaftspolitik, weil das Bildungssystem von der SED-Führung als direkt staatlich kontrollierbare Instanz zur Sozialisation der nächsten Generationen angesehen wurde.

Das Leitbild der „allseitig entwickelten sozialistischen Persönlichkeit" entsprach der pädagogischen Idealvorstellung – der Begriff der Person mit unverfügbarer Würde wurde dagegen abgelehnt. Das Jugendgesetz der DDR von 1974 definierte diese Persönlichkeitsmerkmale wie folgt: sozialistisches Klassenbewusstsein, Disziplin, Verantwortungsgefühl für das Kollektiv, hohes fachliches

---

56 Vgl. Malycha, Andreas: *Informationen zur politischen Bildung. Nr. 312/2011. Geschichte der DDR*, 32.

57 Vgl. Malycha, Andreas: *Informationen zur politischen Bildung. Nr. 312/2011. Geschichte der DDR*, 33.

58 Vgl. Malycha, Andreas: *Informationen zur politischen Bildung. Nr. 312/2011. Geschichte der DDR*, 42.

Wissen und Können, allseitige Bildung und kulturelle Interessiertheit.[59] Dieser
ideale „sozialistische Mensch" sollte auch außerhalb des obligatorischen Schul-
systems herangebildet werden. Hier nahmen die Kinder- und Jugendorganisati-
onen der Jungen Pioniere und der Freien Deutschen Jugend (FDJ) eine wichtige
Rolle ein.

Interessant ist, dass sich – über viele Jahre hinweg – in den Verlautbarungen
der SED-Führung selbst und in der entsprechenden DDR-Fachliteratur kaum
Aussagen zu sozialen Problemen finden lassen. Scheinbar ist aus der Innenan-
sicht heraus, das Bildungs- und Erziehungskonzept in sich schlüssig und erfolgreich gewesen – zumindest musste nach Außen hin dieses Bild erzeugt werden.
Eine solche Engführung erscheint aber auch folgerichtig. Aus ideologischer Sicht
durfte es kein Scheitern geben, schon gar nicht im Kinder- und Jugendbereich.
Sobald – so die ideologische Idee – sich die gesamte DDR-Gesellschaft im Sinne
einer „sozialistischen Persönlichkeitserziehung" erfolgreich gewandelt hätte,
wären Institutionen wie z.B. auch ein staatliches Fürsorgesystem überflüssig
geworden.

Im Jahr 1965 erhielt das Bildungssystem der DDR mit dem „Gesetz über das
einheitliche sozialistische Bildungswesen" eine Struktur, in der alle Bildungs-
und Ausbildungsstufen geregelt wurden. Im Anschluss erfolgte eine Reform der
Lehrpläne. Weiterhin wurde 1968/69 eine Hochschulreform durchgeführt, insbesondere um komplexere Forschungsvorhaben – im Sinne einer Überprüfung
des Erfolgs und der Nachhaltigkeit der ideologischen Neuausrichtung der Gesellschaft und ihrem sozialistischen Bewusstsein – zu ermöglichen.[60]

Im April 1968 trat eine neue Verfassung in Kraft. Die DDR wurde hier als
„sozialistischer Staat deutscher Nation" bezeichnet, der den Sozialismus unter
Führung der SED verwirklicht. Auch demokratische Freiheiten, wie die Freiheit
der Persönlichkeit, die Gewissens- und Glaubensfreiheit und die Freiheit der
Presse wurden hier formal garantiert. Die Volkskammer wurde zum obersten
Machtorgan der DDR bestimmt. In der Realität hatte das SED-Politbüro aber
weiter die maßgebliche Entscheidungsgewalt und eine Presse-, Rede- und Ver-
sammlungsfreiheit gab es nicht.[61]

---

59 Vgl. *Jugendgesetz der DDR vom 28. Januar 1974*. In: http://www.verfassungen.de/de/
    ddr/jugendgesetz64.htm, abgerufen am 20.06.17.

60 Vgl. Malycha, Andreas: *Informationen zur politischen Bildung. Nr. 312/2011. Geschichte
    der DDR*, 39–41.

61 Vgl. Malycha, Andreas: *Informationen zur politischen Bildung. Nr. 312/2011. Geschichte
    der DDR* 44–45.

Anfang Mai 1971 bat Walter Ulbricht, von Erich Honecker zum Rücktritt gezwungen, um seine Entlastung.[62] Mit seinem Machtantritt setzte Erich Honecker neue Schwerpunkte, er konzentrierte sich mehr auf den Ausbau sozialer Leistungen und nicht mehr vorrangig auf die Förderung der Industrie. So wollte er die Loyalität der Bevölkerung sichern, was aber die wirtschaftliche Stabilität weiter unter Druck setzte.[63] Unter der Ära Honeckers blieben die großen Massenorganisationen weiterhin Herrschaftsinstrumente. Dazu gehörten der Freie Deutsche Gewerkschaftsbund (FDGB), die Freie Deutsche Jugend (FDJ), der Demokratische Frauenbund Deutschlands (DFD) und andere.

Ein weiteres wichtiges Herrschaftsinstrument war das Ministerium für Staatssicherheit (MfS). Seit seiner Gründung 1950 agierte es als geheime politische Polizei mit nachrichtendienstlichen Methoden und der Aufgabe, jegliche Form von politischer Gegnerschaft aufzudecken und zu unterdrücken, fernab jeglicher Rechtsstaatlichkeit. Das MfS versuchte immer mehr als Akteur in alle Bereiche der Gesellschaft kontrollierend und steuernd einzugreifen. Sie überwachten und bekämpften die politische Opposition, zu der auch das gesamte Aktionsfeld der Kirchen gehörte.[64]

Anfang der 1980er Jahre wuchs vor allem in den staatlichen Betrieben die Unzufriedenheit. Es fehlte an Rohstoffen, technischen Ausrüstungen und Ersatzteilen, so dass die Maschinen immer häufiger still stehen mussten. Dazu kam die Unzufriedenheit über die fehlende Reisefreiheit. Die Wirtschaft der DDR stand vor dem Zusammenbruch und es drohte die Zahlungsunfähigkeit. Die Ost-West-Beziehungen verschlechterten sich.

Die zunehmende Militarisierung des gesellschaftlichen Lebens führte zu immer mehr Protesten, die überwiegend im Umfeld der evangelischen Kirche organisiert wurden. Die Opposition formierte sich, es entstanden örtliche Umwelt-, Friedens- und Menschenrechtsgruppen. Die Montagsgebete „offen für alle", die in der Nikolaikirche in Leipzig seit 1982 vom evangelischen Pfarrer Christian Führer veranstaltet wurden, waren einer der Ursprünge der friedlichen Revolution 1989. Trotz geheimdienstlicher Observierungen, kurzzeitiger und langjähriger Verhaftungen und Zwang zur Ausreise in den Westen ließ sich

---

62 Vgl. Malycha, Andreas: *Informationen zur politischen Bildung. Nr. 312/2011. Geschichte der DDR* 47.
63 Vgl. Malycha, Andreas: *Informationen zur politischen Bildung. Nr. 312/2011. Geschichte der DDR* 49.
64 Vgl. Malycha, Andreas: *Informationen zur politischen Bildung. Nr. 312/2011. Geschichte der DDR*, 59–61.

die Opposition nicht einschüchtern. Die SED-Führung verweigerte jeglichen Reformansatz für die Umgestaltung und Demokratisierung, initiiert durch den sowjetischen Staatschefs Gorbatschow 1987, was Enttäuschung und Wut in der Bevölkerung verursachte.

Immer mehr Menschen entschlossen sich im Frühjahr 1989 zur Ausreise, es kam zu einer großen Ausreisewelle. Im Herbst des gleichen Jahres wurde die oppositionelle Bewegung immer breiter, das Neue Forum gründete sich und es entstanden Massenproteste, in denen Demokratie, Freiheit und Menschenrechte gefordert wurden. Die „friedliche Revolution" hatte begonnen. Im Oktober 1989 wurde Erich Honecker vom Politbüro der SED zum Rücktritt gezwungen und Egon Krenz zum neuen Parteichef gewählt. Er versprach eine „Wende" und Kurskorrekturen, jedoch kam es weder zu Reformen in Staat und Politik, noch zur Demokratisierung der Gesellschaft. Die Forderungen der Menschen nach Demokratie wurden immer lauter, so dass die SED-Führung förmlich überrollt wurde. Auch die Massenabwanderungen hielten an. Am frühen Abend des 9. November 1989 gab Günter Schabowski eine neue Ausreiseregelung bekannt, die bis zum Inkrafttreten eines neuen Reisegesetzes gelten sollte. Diese Übergangsregelung sicherte den Bürgern der DDR die allgemeine Reisefreiheit zu. Noch am selben Abend strömten hunderttausende Menschen an die Grenzen. Dieses Bild symbolisierte den Zusammenbruch des Sozialismus in der DDR und das Ende des Kalten Krieges in Europa. Die DDR trat am 3. Oktober 1990 der Bundesrepublik Deutschland nach Artikel 23 des Grundgesetzes bei und hörte somit auf, als Staat zu existieren. Vorausgegangen waren die internationale Zustimmung und die Beendigung der Viermächte-Verantwortung.[65]

3.2 Fürsorge in der DDR

Die Fürsorge der DDR, ebenso wie die Soziale Arbeit in der Bundesrepublik, hat ihren eigentlichen Ursprung bereits in der Armenfürsorge im Mittelalter, die sich seitdem immer weiter ausdifferenziert und entwickelt hat. Sie ist damit zu einem der zentralen Punkte im Sozialwesen geworden und auch in der Alltagsrealität der DDR durchaus relevant. Im Gegensatz zur Alltagsrealität der DDR durften aber, der Ideologie und Programmatik der DDR folgend, keine sozialen Probleme oder gar Problembündelungen existieren, die der zusätzlichen staatlichen Lenkung und Führung bedurften. Die zugrunde liegende Idee war, dass

---

65 Vgl. Malycha, Andreas: *Informationen zur politischen Bildung. Nr. 312/2011. Geschichte der DDR*, 66–80.

der Sozialismus nur die entsprechenden Rahmenbedingungen schaffen muss, um alle bisher existierenden Unterschiede in der Gesellschaft überwinden zu können. Infolgedessen gäbe es keine soziale Benachteiligung oder Ausgrenzung mehr (Überwindung der Klassengesellschaft) und spezifisch ausgebildete Fachkräfte – wie die Fürsorger – würden somit langfristig nicht mehr benötigt. Das Eingeständnis, dass es doch eine gewisse Notwendigkeit für berufliche Fürsorge geben würde, wurde gleichgesetzt mit einem gesellschaftlichen Versagen in dem Bereich und konnte aus ideologischen Gründen nicht zugelassen werden. Das erschwerte dem Feld der beruflichen Fürsorge in der DDR zweifelsohne die Arbeit, weil es zum Einen kein klares Mandat vom Staat erhielt und zum Anderen die Auseinandersetzung mit tatsächlichen sozialen Problemlagen nicht erwünscht war.[66] Wie die berufliche Fürsorge in der DDR grundsätzlich strukturiert war, welche spezifischen Aufgabenbereiche beziehungsweise welches Berufsbild sie vertrat, soll nun im Folgenden grob skizziert werden.

3.2.1 Grundstruktur der Fürsorge in der DDR

Um das System der Fürsorge in der DDR verstehen zu können, bedarf es zunächst einer Einordnung derselben in die Sozialpolitik der DDR. Wie auch in anderen Bereichen des politischen Systems der DDR wurde für die Fürsorge – also den Bereich der „Sozialen Arbeit [in] der DDR" – eine zentralistische Struktur geschaffen, deren Aufgabe es war „die Mitarbeit an der Organisierung einer möglichst effektiven politisch-gesellschaftlichen Beeinflussung der Bevölkerung im Sinne der sozialistischen Leitidee"[67] sicherzustellen und regelmäßig zu überprüfen, ob sich die Gesellschaft in die „richtige" Richtung entwickelte und die erfolgreiche Bewältigung der sozialen Aufgaben als gesellschaftspolitisches Ziel erreicht wurde.

Der Ideologie der sozialistischen Gesellschaftspolitik folgend war das Hauptanliegen der Sozialpolitik der DDR, für alle Bürger ihres Landes (und im Besonderen für die Familien) ein System umfassender sozialer Absicherung zu schaffen, mit dem Ziel, die Lebensverhältnisse aller deutlich zu verbessern, um sich dadurch zu einem besseren Gesellschaftssystem entwickeln zu können. Dazu gehörten die Bereiche der Kinderbetreuung, des Wohnungswesens, der

---

66 Vgl. Müller, Monika: *Von der Fürsorge in die Soziale Arbeit – Fallstudie zum Berufswandel in Ostdeutschland*, Opladen 2006, 56.

67 Hering, Sabine; Münchmeier, Richard: *Restauration und Reform – Die Soziale Arbeit nach 1945*. In: Thole, Werner (Hrsg.): *Grundriss Sozialer Arbeit – Ein einführendes Handbuch*, Wiesbaden 2012, 125.

Ausbildung und der Arbeitsplätze, im Besonderen die Bereiche der Gesundheitsfürsorge und der ärztlichen Betreuung. Ermöglicht werden sollte dies durch eine Volksversicherung mit einem einheitlichen Beitragssatz von 20 Prozent (davon 50 Prozent vom Versicherten und 50 Prozent vom Staat; der Höchstsatz lag bei 60,00 Mark), die alle Lebensrisiken absichern sollte (Krankheit, Unfall, Invalidität, Alter, Arbeitslosigkeit, Schwangerschaft und Geburt).

Die Organisation der Sozialversicherung oblag ab 1956 dem FDGB (Freier Deutscher Gewerkschaftsbund).[68] Im Hintergrund stand die aus der kommunistischen Ideologie hergeleitete Annahme, dass sich durch die Bereitstellung der genannten Leistungen für die Bürger soziale Probleme, wie Verwahrlosung, Kriminalität und Devianz von selbst auflösten und allenfalls als eine Randerscheinung einer kleinen Minderheit übrig blieben, die dann entweder von der Gesellschaft kompensiert oder vom Staat sanktioniert werden musste (unter anderem nach § 249 StGB Gefährdung der öffentlichen Ordnung durch asoziales Verhalten, zum Beispiel durch sogenannte Arbeitsbummelei).[69]

Sozialistische Politik wurde gleichermaßen als Sozial- und Wirtschaftspolitik in einem verstanden. „Die Sozialpolitik war überwiegend ‚produktionsorientiert‘, das heißt auf die Bedürfnisse der Erwerbsbevölkerung und Jugend ausgerichtet.“[70] Honecker formulierte es 1971 zugespitzt als „Einheit von Wirtschafts- und Sozialpolitik“. In der Realität hatte dieser Anspruch allerdings im Laufe der Zeit immer weniger Bestand. Die wirtschaftlichen Ressourcen der DDR reichten nicht aus, um die den Bürgern der Gesellschaft versprochenen Ansprüche erfüllen zu können. Die massive Fokussierung auf junge Familien und die große Zahl der Erwerbstätigen hatte zunächst einzelne Gruppen, wie beispielsweise Alte und Erwerbslose, nicht berücksichtigt und zu realer Benachteiligung geführt. Um dem angemessen zu begegnen und damit gleichzeitig von anderen existierenden Problemen abzulenken, wurden immer mehr finanzielle Anspruchsberechtigungen von Seiten des Staates geschaffen und gewährt, die aber von der Arbeitsbevölkerung gar nicht mehr erwirtschaftet werden konnten. Dieses Missverhältnis von Einnahmen und Ausgaben unter anderem im Bereich der Sozialpolitik ist schließlich mitverantwortlich für das wirtschaftliche

---

68 Vgl. Hering, Sabine; Münchmeier, Richard: *Restauration und Reform – Die Soziale Arbeit nach 1945*, 123.

69 Vgl. Hering, Sabine; Münchmeier, Richard: *Restauration und Reform – Die Soziale Arbeit nach 1945*, 123.

70 Hammerschmidt, Peter; Weber, Sascha; Seidenstücker, Bernd: *Soziale Arbeit – die Geschichte*, Opladen und Toronto 2017, 122.

Scheitern der DDR. So verschoben sich zum Ende der DDR die Prioritäten immer mehr weg von der Produktionsseite hin zur Idee der Notwendigkeit einer umfassenden Bedürfniserfüllung für die Arbeiter.

Diese massive Fokussierung auf die arbeitende Bevölkerung zeigte sich unter anderem in der überhöhten Rolle, die den staatlichen Betrieben zugeschrieben wurde, die als das zentrale Kernstück der Vergesellschaftung galten. „Die DDR war im Vergleich zu anderen Industriegesellschaften eine ‚Arbeitsgesellschaft‘ besonderer Ausprägung. Arbeit wurde nicht nur als Quelle von materiellem Überleben betrachtet, sondern wurde – ideologisch überhöht – vor allem als identitätsstiftend gesehen. Deshalb sollten die Betriebe nicht nur Produktionsstätten sein, sondern auch soziale Bindekraft entfalten."[71] So gehörte es neben der Produktion von Gütern ganz selbstverständlich mit zum Aufgabenspektrum von Betrieben, sich um einen Teil der Realisierung der Gesundheits- und Sozialfürsorgeaufgaben im Interesse ihrer Mitarbeiter zu kümmern (nicht selten in Zusammenarbeit mit der Volkssolidarität und der FDJ). Je nach Größe des Betriebes waren ihnen auch weitere Einrichtungen zugeordnet, wie zum Beispiel Krippen und Kindergärten, medizinische Einrichtungen, Sport- und Freizeiteinrichtungen. Ebenso gab es zugeordnet nach Größe und Bedarf der Betriebe Wohnungen, Ferien- und Kurplätze und die Option, Nachwuchskräfte zum Studium zu „delegieren". Durch die Fokussierung auf die Erwerbstätigen und die Stärkung des Kollektivgefühls in den Betrieben gehörte es im Laufe der Zeit auch zu den Aufgaben der Betriebe etwa Rentner oder Mütter im Babyjahr gezielt einzubinden, damit sie sich nicht aus der Gesellschaft ausgeschlossen fühlten, wenn sie aus dem Betrieb planmäßig ausschieden. „Die Verlagerung von immer mehr sozialen Leistungen und die Regulierung gesamtgesellschaftlicher Aufgaben auf die Ebene der Betriebe (im Verbund mit Regionen) war nur in diesem verstaatlichten Produktionssystem möglich, überlastete es jedoch erheblich auf Kosten der Effizienz."[72]

So zeigte sich in der Praxis, dass trotz der Idee – es müsse nur ideale Bedingungen geben, dann ginge es allen gut – in der Lebenswirklichkeit das Bedürfnis der Menschen nach konkreter Hilfeleistung, die direkt und real durch die Fürsorge erbracht werden musste, ein relevantes Thema blieb. Da es aber wenige hauptberufliche Fürsorger gab, mussten diese Leistungen überwiegend

---

71 Hammerschmidt, Peter; Weber, Sascha; Seidenstücker, Bernd: *Soziale Arbeit – die Geschichte*, 129.

72 Hammerschmidt, Peter; Weber, Sascha; Seidenstücker, Bernd: *Soziale Arbeit – die Geschichte*, 130.

innerhalb der Betriebe oder durch Ehrenamtliche erbracht werden. Dies wurde aber in der Logik des politischen Systems nicht grundsätzlich als problematisch angesehen. Denn zur Erreichung der gewünschten gesamtgesellschaftlichen Verbesserung war ausdrücklich die Mitwirkung aller gesellschaftlichen Kräfte – und damit jedes einzelnen Bürgers innerhalb seines Betriebes oder Privatlebens – erwünscht und wurde durch die SED-nahen Massenorganisationen nachhaltig organisiert und gefördert und somit staatlich gesteuert.

In der Folge bedeutet das: „Ein erheblicher Teil sozialer Arbeit wurde ehrenamtlich geleistet, was dem Verständnis von Mitbestimmung und Demokratie im Sozialismus entsprach. Der Einzelne sollte befähigt sein, in allen Fragen des Sozialen mitzuwirken und mitzugestalten. In diesem Zusammenhang kann von einer massenhaften Entprofessionalisierung in der Sozialverwaltung gesprochen werden, da lediglich Arbeitswissenschaftler und Sozialmediziner als Experten in der Sozialverwaltung der DDR geduldet worden waren. […] Die Massenorganisationen der DDR-Gesellschaft und die parteinahe Wohlfahrtsorganisation der DDR, die Volkssolidarität, waren der Ehrenamtlichkeit und der nachbarschaftlichen Hilfeleistung verpflichtet".[73]

Damit entstand für den Bereich der Fürsorge ein Paradox: Der staatlichen Gesundheits- und Sozialfürsorge wurde einerseits eine große Rolle zugeschrieben, um die gewünschte Verbesserung der Lebensbedingungen erreichen zu können. Andererseits wurde aber die berufliche Fürsorge – also hauptberuflich angestellte Fürsorger – als nicht notwendig angesehen. „Die mit diesem Konzept verbundenen Vorstellungen korrespondieren mit einem anderen Verständnis von Funktion der Sozialen Arbeit, die als notwendige Begleiterscheinung der absterbenden kapitalistisch-bürgerlichen Gesellschaft gesehen [wurde] und deren sukzessive Entbehrlichkeit in der sich allmählich formierenden sozialistischen Gesellschaft erwartet [wurde]."[74]

Erst mit dem IX. Parteitag 1976 begannen einige Veränderungsprozesse. Es wurden sogenannte neue sozialpolitische Leitlinien entwickelt, die zwar keine grundlegende Änderung in der Sozialpolitik zur Folge hatten, aber die Erkenntnis mit sich brachten, dass es wohl doch im Interesse einzelner Bevölkerungsgruppen (professionellen fürsorglichen) Handlungsbedarf zur Verbesserung der Lebenslage eben dieser Gruppen gab.[75] So konnte sich die Sozialfürsorge – als

---

73 Müller, Monika: *Von der Fürsorge in die Soziale Arbeit*, 30.
74 Hering, Sabine; Münchmeier, Richard: *Restauration und Reform – Die Soziale Arbeit nach 1945*, 123.
75 Vgl. Müller, Monika: *Von der Fürsorge in die Soziale Arbeit*, 33.

unerwarteter Nebeneffekt – wieder als Beruf etablieren, zunächst vor allem im Bereich der Alten- und Behindertenfürsorge, später auch in anderen Bereichen. „Damit erklärte sich die SED auch für solche Sozialaufgaben zuständig, die bis dahin vorwiegend von den Kirchen übernommen worden waren. […] Von 1979 an wurden Sozialfürsorger_innen staatlicherseits mit der Intention wieder ausgebildet, eine Umsetzung der sozialpolitischen Maßnahmen des Sozialpolitischen Programms der SED zu forcieren."[76]

Im Prinzip blieb die berufliche Fürsorge aber eine untergeordnete gesellschaftliche Institution, die eher in einem ideologisch-gesellschaftlichen Tabu-Bereich angesiedelt blieb. Es kam aus der Sicht der SED dem Eingeständnis gleich, eben nicht die gewünschte politische und gesellschaftliche soziale Gerechtigkeit und Gleichheit erreicht zu haben. Über die Ursachen hierfür oder die Auswirkungen sollte aber nicht weiter diskutiert werden. Daher wurde der Fürsorgebereich zwar als aktuell doch notgedrungen notwendig hingenommen, war aber weiterhin langfristig nicht gewollt.

3.2.2 Die Dreiteilung der Fürsorgebereiche in der DDR

Die Fürsorge der DDR lässt sich grob in drei Teilbereiche einordnen: Gesundheits-, Sozial- und Jugendfürsorge. Anders als in der Bundesrepublik Deutschland waren die Ausbildungen in der DDR hochgradig spezialisiert und einzelfunktionsbezogen, mit einem jeweils eigenen Ausbildungsgang und Ausbildungsprofil.[77] Das traf ebenso für den Bereich der Fürsorge zu, in dem von vornherein auch keine Wechsel unter den verschiedenen Teilbereichen vorgesehen waren. 1989 gab es zum Zeitpunkt der friedlichen Revolution ca. 3.500 Gesundheits- und Sozialfürsorger (davon etwa 2.800 Gesundheitsfürsorgerinnen), die dem Ministerium für das Gesundheits- und Sozialwesen unterstanden (in den Fachabteilungen „Gesundheits- und Sozialwesen der Kreisverwaltungen/Räte der Kreise/Städte") und circa 1.500 staatliche Jugendfürsorger, die dem Ministerium für Volksbildung unterstanden.[78] Diese Aufteilung verdeutlicht bereits, dass es klare Zuweisungen für einzelne Tätigkeitsfelder im Sinne einer politischen Zuschreibung von Funktions- und Handlungsbereichen (ohne große Überschneidungspunkte) mit klar definierten Handlungsvorgaben und Handlungsabläufen gab.

---

76 Müller, Monika: *Von der Fürsorge in die Soziale Arbeit,* 34.
77 Vgl. Hering, Sabine; Münchmeier, Richard: *Restauration und Reform – Die Soziale Arbeit nach 1945,* 124.
78 Vgl. Müller, Monika: *Von der Fürsorge in die Soziale Arbeit,* 23–24.

Den Hauptanteil der Fürsorge nahm die Gesundheitsfürsorge ein. Sie wurde ausschließlich von Frauen ausgeübt. Deren Tätigkeitsschwerpunkt (als medizinischer Hilfsberuf) lag im Bereich der Gesundheitsprophylaxe, Gesundheitsfürsorge und Sozialhygiene. In diesem Bereich des Gesundheitswesens hat die SED-Führung am ehesten eine fachliche Kompetenz für Fürsorgerinnen als notwendig vorausgesetzt, so dass alle Gesundheitsfürsorgerinnen aus medizinischen Grundberufen kamen und zumeist Krankenschwestern mit mehrjähriger Berufserfahrung waren. Diese absolvierten ab 1953 eine zusätzliche, berufsbegleitende, fünfmonatige Fortbildung, später ein Aufbau- bzw. Zusatzstudium (oder ein berufsbegleitendes Fernstudium) zur Gesundheitsfürsorgerin.[79] Ab 1986 gab es an der Fachschule für Sozial- und Gesundheitswesen „Prof. D. Karl Gelbke" in Potsdam eine grundständige Fachschulausbildung im Direktstudium zur Gesundheitsfürsorgerin.[80] Zu ihren Aufgaben gehörte es, medizinische Maßnahmen zu unterstützen und durch ihr eigenes Handeln präventiv zu wirken, inklusive den „medizinischen Routineuntersuchungen, die Betreuung Kranker und krankheitsgefährdeter Menschen sowie die generelle Prophylaxe, [… die] Abwicklung verwaltungsbezogener Abläufe und medizinischer Hilfstätigkeiten [… und] die Aufgabe, die Bedingungen der gesundheitlichen Situation der Patienten zu prüfen und gegebenenfalls zu fördern. Insofern arbeiteten sie mit Einrichtungen der Sozialversicherung – wie zum Beispiel Kur- und Heilanstalten – zusammen."[81] In der Regel waren die Gesundheitsfürsorgerinnen (auch Gemeindeschwestern genannt) in Polikliniken oder Ambulatorien (ähnlich heutigen medizinischen Versorgungszentren mit mehreren Facharztrichtungen) angebunden und unterstanden den dort angestellten Ärzten.

Ein großes Arbeitsfeld war die Schwangeren- und Mütterberatung, in der insbesondere Gynäkologen und Gesundheitsfürsorgerinnen eng zusammenarbeiteten, da „der Gesundheit von Mutter und Kind als Keimzelle der Gesellschaft [...] ein besonderer Stellenwert beigemessen wurde"[82] und gerade in diesem Bereich der übergeneralisierte präventive (kontrollierende) Ansatz verfolgt wurde. Dazu gehörte es, durch den Aufbau eines Vertrauensverhältnisses zu den Müttern, sie in der Schwangerschaft und den ersten drei Lebensjahren des

---

79 Vgl. Hammerschmidt, Peter; Weber, Sascha; Seidenstücker, Bernd: *Soziale Arbeit – die Geschichte*, 139.

80 Vgl. Kroll, Silvia: *Kirchlich-caritative Ausbildung in der DDR – Entwicklung im Aufgabenbereich Kinder und Jugendhilfe*, Freiburg im Breisgau 1998, 388.

81 Müller, Monika: *Von der Fürsorge in die Soziale Arbeit*, 36.

82 Müller, Monika: *Von der Fürsorge in die Soziale Arbeit,* 57.

Kindes engmaschig zu begleiten, so dass die Gesundheit von Mutter und Kind durch fürsorgerische Empfehlung, Belehrung und Kontrolle der Lebensverhältnisse gefördert wurde, einschließlich Hausbesuche (zum Beispiel innerhalb der ersten sieben Tage nach der Entlassung aus dem Krankenhaus – im Hinblick auf persönliche Lebensführung der Mütter sowie Ordnung und Sauberkeit in der Wohnung) und Lehrgänge für Schwangere und Mütter.

So ergab sich in der Berufspraxis für die Gesundheitsfürsorgerinnen der Zwiespalt, rigide gesetzliche Vorgaben und Kontrollfunktionen auszuführen und gleichzeitig ein Vertrauensverhältnis zu den Frauen aufbauen zu müssen, um mit ihnen arbeiten zu können. Viele der Gesundheitsfürsorgerinnen entwickelten ein besonderes Verantwortungsgefühl für die Frauen, die sie betreuten, und versuchten tatsächlich praktische Unterstützung zu ermöglichen. Nicht immer wurde das von den betreuten Frauen als positiv erlebt, sondern eher als übergriffige und bevormundende Maßnahme seitens des Staates empfunden, der sich die Frauen – durch die kollektive staatliche Anordnung zum präventiven Agieren der Gesundheitsfürsorge – aber nicht entziehen konnten, da sie sonst mit gravierenden Konsequenzen für sich oder ihre Familien rechnen mussten. Unter den Fürsorgerinnen fand ein fachlicher Austausch statt, der sich mit dem Zusammenspiel von Gesundheit und sozialer Lebenslage als handlungsleitende Grundlage auseinandersetzte. Dies beeinflusste zwar das berufliche Selbstverständnis der Fürsorgerinnen, führte aber nicht oder nur wenig zu einer gesellschaftskritischen Reflexion der Lebens- und Arbeitsbedingungen in ihrem Berufsfeld. Aus ihrer Sicht trugen sie dazu bei, die gesundheitliche und damit gleichzeitig die soziale Lage der Bevölkerung zu verbessern, weil sie die Lücke zwischen dem medizinischen Versorgungssystem und dem Anspruch auf umfassende staatliche Hilfe und Unterstützung schlossen.

Aus Sicht der SED-Führung war die Gesundheitsfürsorge der für sie ungefährlichste Bereich der Fürsorge, da alle Probleme in den Kontext eines medizinisch zu bearbeitenden Falles eingeordnet wurden und nicht zwangsläufig gesellschaftliche oder soziale Hintergründe als Auslöser betrachtet werden mussten. In Bezug auf die politischen Leitlinien ergab sich hier kein oder nur ein geringes kritisches Potenzial. Da die Gesundheitsfürsorge als medizinischer Hilfsberuf angesehen wurde, gab es wenige Ansätze eine eigene (sozialpädagogische) Hilfetheorie für professionelle Fürsorge zu entwickeln und sich entsprechend zu organisieren. Auf diese Weise gingen so vereinzelte Problemsichtweisen von Fürsorgerinnen im medizinischen Versorgungssystem in der Regel „unter", eben weil sie durch eine (politisch gewollte) unklare Abgrenzung zu anderen medizinischen Bereichen (Gesundheitskontrolle – Gesundheitsfürsorge oder eine

Art Gesundheitsberatung – oder doch etwas Eigenständiges im Bereich Sozialer Arbeit), kein eigenes kritisches Berufsverständnis entwickeln konnten.

Die Sozialfürsorge etablierte sich erst ab Ende der Siebziger Jahre wieder als eigenständiges Berufsfeld der Fürsorge (in der Folge des oben benannten Parteitages). Ebenfalls an der Fachschule für Sozial- und Gesundheitswesen „Prof. Dr. Karl Gelbke" in Potsdam gab es ab 1978 ein aufbauendes Weiterbildungsstudium (Ausbildungsvoraussetzung: eine abgeschlossene Berufsausbildung) und ab 1980 ein Direktstudium für die Ausbildung zum Sozialfürsorger.[83] Die Sozialfürsorge war der Abteilung für Sozial- und Gesundheitswesen zugeordnet, so das alle Sozialfürsorger auf regionaler Ebene formal den Kreisärzten unterstanden, politisch-administrativ, aber vorrangig in den Räten der Stadt, des Kreises oder des Bezirks tätig waren. Bis zum Ende der DDR wurden circa 700 Sozialfürsorger ausgebildet (50 Prozent davon im vierjährigen berufsbegleitenden Ausbildungslehrgang).

Der Wirkungsbereich der Sozialfürsorger war territorial durch die ihnen zugeordneten Wohnquartiere begrenzt. Dort gab es eine enge Zusammenarbeit mit den Orts- und Kreisräten. Ihre Aufgabe war es Versorgungslücken zu schließen, „indem sie Menschen mit ihrem Hilfebedarf erfasst[en], die nicht betrieblich eingebunden oder durch die Gesundheits- oder Jugendfürsorge erreicht wurden […] insbesondere Frauen im Mutterschutz, ältere oder behinderte Menschen."[84] Dies erfolgte durch soziale Beratung und Betreuung vor Ort in den Wohngebieten, in den Alten- und Behinderteneinrichtungen und in der Sozialverwaltung. „Das Tätigkeitsprofil der Sozialfürsorge sah vor, einen Mangel an – zumeist materieller – Versorgung auszugleichen und Wege zu schaffen, dass sozialpolitische Entlastungen bei den Betroffenen auch ankamen."[85] Die Abkehr von dem bisherigen Prinzip der Ausrichtung an Sozialeinrichtungen und Sozialmaßnahmen durch die Betriebszugehörigkeit hin zur Orientierung an den Wohnort und dem Bedarf der dortigen Bevölkerung, muss für den Bereich der Sozialfürsorge als weitreichende Neuerung betrachtet werden. Damit konnte nun ein erweiterter Kreis von Hilfeberechtigten erreicht werden.

In den achtziger Jahren übernahm die Sozialfürsorge hauptsächlich die Koordination der Behindertenhilfe und unterstützte die Kinder und deren Familien bei besonderen Schulfördermaßnahmen, Kurbeantragungen, der Versorgung

---

83 Vgl. Kroll, Silvia: *Kirchlich-caritative Ausbildung in der DDR*, 388–389.

84 Hammerschmidt, Peter; Weber, Sascha; Seidenstücker, Bernd: *Soziale Arbeit – die Geschichte*, 125.

85 Müller, Monika: *Von der Fürsorge in die Soziale Arbeit*, 47.

mit orthopädischen Hilfen etc. Außerdem übernahm die Sozialfürsorge die Koordination und Organisation der Hilfe für alte Menschen und die „Veteranen des Volkes" in den jeweiligen Stadtteilen, wirkte in Wohnheimen für „geschädigte Bürger", Feierabendheimen, Krankenhäusern, Polikliniken und arbeitete mit Menschen mit eingeschränkter Arbeitsfähigkeit oder Berufsunfähigkeit und koordinierte und organisierte soziale Betreuungsmaßnahmen. Besonders im Blick haben sollten die Fürsorger dabei alle alleinstehenden Mütter und ältere Bürger, sowie Menschen mit Behinderungen in ihren Wohngebieten.[86]

Ausdrücklich nicht in ihren Kompetenzbereich fiel die Auseinandersetzung mit sozialen Randgruppen, wie zum Beispiel auffälligen Jugendlichen oder Nichtsesshaften. So endete die Zuständigkeit immer dann, wenn ernsthafte Probleme auftraten, die zentrale gesellschaftliche Fragen hätten aufwerfen können. „Die Sozialfürsorge unterlag einer grundlegenden Handlungseinschränkung in Fällen, in denen sich die hilfebedürftigen Personen- oder Klientengruppen im Wohngebiet abweichend oder kriminell verhielten [selbst wenn diese per Definition eigentlich zu einer Zielgruppe hätten gehören können]. Sie wurden von vornherein als Nicht-Klienten der Sozialfürsorge definiert. [...] Bei fortgesetzten Verhaltensauffälligkeiten war eine Platzierung in Spezial- und Sondereinrichtungen vorgesehen."[87] In Fällen von Arbeitsbummelei oder Asozialität lag die Zuständigkeit bei den Abschnittsbevollmächtigten (ABV) beziehungsweise wurden Jugendliche direkt in Jugendwerkhöfe überführt.

Ebenso war der Sozialfürsorge untersagt, eine eigenständige Sozialraumanalyse zu betreiben, um zum Beispiel in ihrem Wirkungsbereich den Bedarf an sozialen Hilfen (also über das Materielle hinaus) in Bezug auf die Lebensverhältnisse der Bevölkerung (lebensgeschichtliche-soziale Bedingungen) zu ermitteln. Ebenso wenig sollten sie mögliche Ursachen für soziale Missstände oder mögliche Hintergründe für (strukturelle) gesellschaftliche Problemlagen als Ursache für auffälliges abweichendes Verhalten im Wohngebiet ermitteln. „Eine solche eigenständige Analyse war weder angestrebt noch erwünscht."[88] Die Zuständigkeit der Sozialfürsorge ergab sich also nicht durch eine tatsächliche soziale Problemlage, sondern war staatlich definiert durch die Zuschreibung der Zielgruppe, für die die Sozialfürsorger zuständig waren, ohne dass unbedingt klar war, weshalb ausgerechnet diese Zielgruppe hilfebedürftig sein sollte und in welcher Art und Weise sie fürsorgerische Unterstützung benötigte.

---

86 Vgl. Müller, Monika: *Von der Fürsorge in die Soziale Arbeit*, 38.
87 Müller, Monika: *Von der Fürsorge in die Soziale Arbeit*, 60.
88 Müller, Monika: *Von der Fürsorge in die Soziale Arbeit*, 47.

Bemerkenswert ist auch, dass die Zuständigkeit für bestimmte Personengruppen plötzlich während einer Betreuung enden konnte, nämlich immer dann, wenn die Klienten sich erst im Verlauf des Hilfeprozesses unangepasst verhalten hatten (ohne dass es dafür einer Analyse der gesellschaftlichen und persönlichen Ursachen bedurft hätte). „Soziale Problemlagen – wie z.B. abweichendes Verhalten – wurden, wo sie auftraten, entweder als Versorgungslücke definiert, der dann mit einer sozialpolitischen Programmatik begegnet worden ist, oder […] als eine Gefährdung des gesellschaftlichen Strebens durch persönliches Versagen einzelner Gesellschaftsmitglieder gedeutet [und entsprechend geahndet].“[89] Somit war der Handlungsrahmen der Fürsorge hauptsächlich beschränkt auf die Organisation und Unterstützung von Menschen mit vergleichsweise harmlosen, fast alltäglichen Problematiken – von denen die Betroffenen nicht selten den Eindruck hatten, dass sie weder einen ernsthaften Bedarf hätten, noch dass sie dafür eine Fachkraft bräuchten, da sie sich vom Kollektiv bereits ausreichend unterstützt fühlten.

Die Sozialfürsorge hatte dadurch in ihrer praktischen Arbeit mit einer exklusiven Problematik zu kämpfen, die es in der Ausprägung in den anderen Fürsorgebereichen weniger oder gar nicht gab. Aufgrund des massiven ehrenamtlichen Engagements in den SED-nahen Massenorganisationen, wie der Volkssolidarität oder der Volksvertretung der Nationalen Front sowie diverser einzelner kleinerer Gruppen, fand sich die Sozialfürsorge in einer Art Konkurrenzsituation zu den Ehrenamtlichen wieder, die vor Ort in den Wohngebieten tätig waren. Die Ehrenamtlichen waren üblicherweise schon lange in ihren Kiezen engagiert und kannten sich besser aus, als die Sozialfürsorger, denen ein bestimmtes Wohngebiet zugeordnet war, es je gekonnt hätten. Die Ehrenamtlichen verfügten über exzellente soziale Netzwerke, kannten die Bedürfnisse und Schwierigkeiten der Bevölkerung vor Ort und konnten in der Regel ihren bedürftigen Nachbarn kompetente sachliche Auskünfte geben und meldeten selbst Bedarfe zur sozialen und materiellen Absicherung im Wohngebiet durch die Wohngebietsvertreter der Nationalen Front im Kreis oder bei der Stadt an. Daraus ergab sich oft ein gewisses Grundmisstrauen gegenüber den Sozialfürsorgern, da sich deren Rolle und Aufgabe im Wohngebiet nicht deutlich zur Arbeit der Ehrenamtlichen abgrenzen ließ und die Notwendigkeit einer Anwesenheit von Sozialfürsorgern vor Ort nicht nachvollzogen werden konnte, auch weil es von Seiten der SED keinen klar benannten wirklichen Arbeitsauftrag für die Sozialfürsorge gab. „Die SozialfürsorgerInnen hatten somit im Territorium aufgrund der

---

89 Müller, Monika: *Von der Fürsorge in die Soziale Arbeit*, 55.

ehrenamtlichen Hilfestrukturen keinen wirklich tragfähigen beruflichen Ansatz. Unter diesen Bedingungen bestand für die Sozialfürsorge in der DDR die Schwierigkeit aufzuzeigen, was sie hätte leisten können und was die ehrenamtlichen Helfer, aufgrund bzw. trotz ihrer lebensweltlichen Nähe im Wohngebiet, nicht zu leisten vermochten. Dieser Leistungsnachweis war aber angesichts der Rahmenbedingungen für die Sozialfürsorge ganz und gar unmöglich. […] Die Tätigkeitsbeschreibungen der Sozialfürsorge blieben von daher auch inhaltlich formelhaft und die Handlungsorientierungen diffus."[90] So konnte sich bei den Sozialfürsorgern ebenso wie bei den Gesundheitsfürsorgerinnen nur schwer ein eigener konzeptioneller sozialarbeiterischer Ansatz beziehungsweise ein berufliches Selbstverständnis entwickeln.

Die Jugendfürsorge als dritter Teilbereich des staatlichen Fürsorgewesens war dem Ministerium für Volksbildung, dem Referat für Jugendhilfe, im Rahmen des staatlichen Erziehungswesens der DDR unterstellt. Handlungsleitend für die Jugendhilfe war die Orientierung am sogenannten Normalverlaufsmodell einer sozialistischen Persönlichkeitsentwicklung. Die Jugendfürsorge war im Feld der Jugendhilfe die letzte Handlungsinstanz. Die erste außerfamiliäre Instanz für Erziehungsfragen bei älteren Kindern und Jugendlichen war – nach dem Kindergarten – die Schule, damit die jeweiligen Schulräte. Ergaben sich dort Schwierigkeiten oder zeigten entsprechende Disziplinierungsmaßnahmen keinen Erfolg, wurden die ehrenamtlichen Kommissionen involviert, die einmal monatlich tagten. Erst wenn auch in diesem Bereich kein erfolgreicher Unterstützungsverlauf zu erwarten war, wurde die Jugendfürsorge eingeschaltet, um eine Heimunterbringung zu veranlassen. Ausschlaggebend für die Art der Unterbringung waren dann die Zeugnisse der Schüler/Auszubildenden und ein Bericht über den bisherigen Verlauf der Erziehungs- und Unterstützungsmaßnahmen. „Direkten Erziehungseinfluss nahm die Fürsorge nur im Einvernehmen und in Absprache mit der Schulverwaltung bzw. den Betrieben und über die ehrenamtlichen Kommissionen."[91]

Im Grunde war die Jugendfürsorge auf den Kernbereich der heutigen stationären oder teilstationären Kinder- und Jugendhilfe reduziert – der sogenannten kompensierenden beziehungsweise ersetzenden Sozialerziehung. Die Jugendfürsorger kümmerten sich um Jugendliche, die sich nicht im Sinne der sozialpolitischen Erziehungsziele entwickelten. In ihrem Kompetenzbereich hatte die Jugendfürsorge sehr weitreichende Befugnisse, insbesondere was die

---

90 Müller, Monika: *Von der Fürsorge in die Soziale Arbeit*, 54.
91 Müller, Monika: *Von der Fürsorge in die Soziale Arbeit*, 49.

Heimunterbringung betraf, da es keine externen rechtsstaatlichen Kontrollorgane gab, die die Entscheidungen der Jugendfürsorge überprüften oder infrage stellten. Dies erzeugte ein extremes Machtgefälle zwischen der Jugendfürsorge und den Betroffenen. „Aufgabenbereiche der Jugendhilfe in der DDR waren […] die ‚rechtzeitige Einflussnahme bei Anzeichen der sozialen Fehlentwicklung und die Verhütung und Beseitigung der Vernachlässigung von Kindern und Jugendlichen, die vorbeugende Bekämpfung der Jugendkriminalität, die Umerziehung von schwererziehbaren und straffälligen Minderjährigen, sowie die Sorge für elternlose und familiengelöste Kinder und Jugendliche' (Jugendhilfeverordnung vom 3. März 1966: 215).“[92] Die Jugendfürsorge war somit die letzte Vollzugsinstanz, um abweichendes Verhalten korrigieren und kontrollieren zu können, bevor andere staatliche Stellen zuständig wurden. Damit grenzte sich die Jugendfürsorge klar von den anderen Bereichen der Jugendförderung und der Kinderbetreuung im Rahmen staatlicher Kinder- und Jugendarbeit ab, die sich auch in ihrer Ausrichtung, Zuständigkeit, den Adressaten und der internen Logik klar voneinander unterschieden und auch separat voneinander weiterentwickelten.

Aufgaben, die ursprünglich von der Jugendhilfe geleistet wurden, übernahm mit Inkrafttreten des 1. Jugendgesetzes von 1950 das neu geschaffene Amt für Jugendfragen mit ebenfalls zentralistischer Arbeitsstruktur. Dieses Amt (auf allen Verwaltungsebenen) hatte nicht nur Mitspracherecht bei der staatlichen Jugendpolitik, sondern übernahm ressortübergreifend die anleitende, koordinierende und kontrollierende Funktion im Bereich der Jugendförderung. Die zentrale Zielsetzung – die Umsetzung der gesamtgesellschaftlichen und sozialpolitischen Aufgaben – war die sozialistische Erziehung der Jugend – „Jugendförderung als bester Jugendschutz“.[93] Für die Umsetzung gab es sogenannte „Jugendförderungspläne“, die in enger Zusammenarbeit von staatlich-kommunalen und betrieblichen Stellen ausgestaltet wurden – meist durch die staatliche Kinderorganisation „Junge Pioniere“, die Jugendorganisation FDJ und die (wehrsportliche) Gesellschaft für Sport und Technik (GST), die über eine dichte Infrastruktur von Einrichtungen (Pionierhäuser, Jugendherbergen, Kulturhäuser etc.) verfügten und ein vielfältiges Veranstaltungsprogramm realisieren konnte. „Die staatliche Kinder- und Jugendarbeit, namentlich die Pionier- und FDJ-Organisation, begleitete und beeinflusste ideologisch geprägt wie selbstverständlich durch ihre ständige Präsenz – und ihre durchaus auch kind- und jugendgemäßen

---

92 Müller, Monika: *Von der Fürsorge in die Soziale Arbeit*, 39.
93 Vgl. Hammerschmidt, Peter; Weber, Sascha; Seidenstücker, Bernd: *Soziale Arbeit – die Geschichte*, 133.

Angebote – wesentlich die Biographien der gesamten Kindheit und Jugend in der DDR."[94] Die Kinder- und Jugendförderung der Kirchen lief parallel dazu und wurde in den 1980er Jahren (als eine Art Subkultur im nichtöffentlichen Bereich) eine immer wichtigere Instanz für Jugendliche und junge Erwachsene, die einen geschützten Raum zum Austausch zu gesellschaftskritischen Fragen suchten. Diese Form der Bildungsarbeit wurde von der Staatssicherheit streng beobachtet und wenn möglich mit Spitzeln unterwandert und verhindert.[95]

Für die Jugendfürsorge blieben damit die Aufgabenkreise Erziehungsfürsorge, die Familien- und Jugendhilfe, Vormundschafts-, Adoptions-, Pflegschafts- und Urkundenwesen (zum Beispiel Vaterschaftsanerkennung) „übrig", welche den Bereich auf die Bearbeitung von Einzelfällen defizitärer familiärer Erziehung reduzierten. Gleichzeitig wurde auch hier, wie in allen anderen Fürsorgefeldern, ein generalpräventiver Ansatz verfolgt. Durch die „Verordnung über die Mitarbeit der Bevölkerung auf dem Gebiet der Jugendhilfe" von 1953 wurde die Jugendhilfe zur gesamtgesellschaftlichen Aufgabe aller Bürger der DDR. Die ehrenamtlich Mitarbeitenden in dem Bereich sollten insbesondere berufliche Jugendfürsorger in ihrer praktischen Arbeit unterstützen (Verantwortung der Kollektive).[96] Es entsprach dem Selbstverständnis der DDR-Jugendhilfe durch die ehrenamtlichen Kommissionen direkte nachbarschaftliche Einflussmöglichkeiten zu nutzen, um den betroffenen Kindern und Eltern umfangreiche Aufgaben zu erteilen und gleichzeitig deren Durchführung zu kontrollieren, mit dem Ziel, entsprechende Verhaltensänderungen herbeizuführen. Die ehrenamtlichen Wohngebietskommissionen kümmerten sich vor Ort um verhaltensauffällige Kinder und Jugendliche, Schulschwänzer etc., im Sinne einer vorgeschalteten Stelle der Jugendfürsorge. Sie hatte bereits erhebliche Rechte, sogenannte jugendfürsorgerische Sanktionen oder Maßnahmen zur Besserung und Wiedereingliederung auch nach Straftaten zu veranlassen. 1989 gab es in der DDR 4.179 Jugendhilfekommissionen mit 26.582 Mitgliedern, davon als Untergruppen 490 Jugendhilfeausschüsse mit 2.667 Mitgliedern und 216 Vormundschaftsräte mit 1.233 Mitgliedern, denen jeweils ein

94 Hammerschmidt, Peter; Weber, Sascha; Seidenstücker, Bernd: *Soziale Arbeit – die Geschichte*, 133.
95 Vgl. Malycha, Andreas: *Informationen zur politischen Bildung. Nr. 312/2011. Geschichte der DDR*, 68ff. Ebenso: Vgl. Ehm, Martin: *Die kleine Herde – die katholische Kirche in der SBZ und im sozialistischen Staat der DDR*, Berlin 2007, 160–174 und 218–219.
96 Vgl. Hering, Sabine; Münchmeier, Richard: *Restauration und Reform – Die Soziale Arbeit nach 1945*, 124.

Jugendfürsorger als Jugendhilfefachkraft vorstand (im Verhältnis: ein hauptberuflicher Jugendfürsorger, der das Gremium auf örtlicher Ebene anleitet und begleitet, zu 23 Ehrenamtlichen).[97] Für das Tätigwerden der Jugendhilfekommissionen war ausschlaggebend, dass eine Kindeswohlgefährdung vermutet oder bekannt wurde. Dieser sollte durch sogenannte „spezifische sozialpädagogische Aktivitäten" begegnet werden, die die gesellschaftlichen und erzieherischen Potentiale des direkten Lebensumfelds mobilisieren und bündeln sollten. „Diejenigen, die durch ihre tägliche Betreuung bzw. Zusammenarbeit die Kinder oder Jugendlichen und ihre Eltern in ihren Lebensumständen am ehesten kannten (LehrerInnen, AusbilderInnen, TrainerInnen usw.) wurden in den Hilfeprozess einbezogen."[98] Jugendhilfeausschüsse und Vormundschaftsräte waren immer involviert, wenn jugendhilferechtliche Entscheidungen, wie Heimunterbringung oder Adoption etc., getroffen werden mussten. Grundsätzlich gehörte zu den Aufgaben der Jugendhilfekommissionen „die lebenspraktische und erzieherische Beratung von Eltern, konkrete Unterstützungsangebote zu Verbesserung der Lebens- und Erziehungsbedingungen (z.B. von der Einflussnahme auf Arbeitszeitregelungen, über die Sicherung materieller Lebensbedingungen bis zur Verbesserung der Wohnverhältnisse), sowie die Kontrolle über deren Einhaltung. Dazu wurden sog. ‚individuelle Erziehungsprogramme' in gemeinsamer Beratung mit den Betroffenen entwickelt und Realisierungswege unter gezielter Einbeziehung anderer gesellschaftlicher ‚Erziehungsträger' (besonders der Schulen/Ausbildungsstätten), staatlichen Institutionen/Verwaltungen (z.B. Gesundheits-, Sozialwesen, Wohnungswesen) und auch von Arbeitsstellen der Eltern gesucht."[99]

Den Jugendfürsorgern kamen insbesondere die Aufgaben zu, zum Beispiel bei Sorgerechtsentscheidungen, die Erziehungskompetenz der Eltern zu beurteilen, den gesellschaftlichen Einfluss in Bezug auf solche Jugendliche zu organisieren, die nicht die Normen des gesellschaftlichen Zusammenlebens beachteten und die notwendigen erzieherischen Maßnahmen zur Kontrolle, Einbindung und Umerziehung von verhaltensauffälligen Jugendlichen zu koordinieren (unter anderem auch, wenn sie von den ehrenamtlichen Kommissionen angeordnet

---

97 Vgl. Hammerschmidt, Peter; Weber, Sascha; Seidenstücker, Bernd: *Soziale Arbeit – die Geschichte*, 135.

98 Hammerschmidt, Peter; Weber, Sascha; Seidenstücker, Bernd: *Soziale Arbeit – die Geschichte*, 134.

99 Hammerschmidt, Peter; Weber, Sascha; Seidenstücker, Bernd: *Soziale Arbeit – die Geschichte*, 134–135.

wurden). Für die betroffenen Familien gab es ein gestuftes Hilfesystem, angefangen bei der Bereitstellung von Betreuungsplätzen (zum Beispiel Kindergarten oder Hort) bis hin zu gezielter organisierter Nachbarschaftshilfe.[100]

Im besten Fall führten diese Interventionen und Hilfestellungen zur erfolgreichen Integration in das direkte soziale Umfeld und wirkten damit tatsächlich entwicklungsfördernd. Das gelang immer dann besonders gut, wenn Einzelpersonen (Haupt- wie Ehrenamtliche) sich stark im Sinne des Kindes oder Jugendlichen engagierten und diese Anschluss im Sport, Freizeit- oder Kulturbereich oder auch Schulkontext fanden. Der große Nachteil der Ehrenamtlichen-Struktur kam immer dann zum Tragen, wenn es um spezielle oder sensible Fälle von Beratung und Begleitung bei den Betroffenen ging. Hier reichte die Fachlichkeit der Ehrenamtlichen oft nicht aus. Infolgedessen wurden die Betroffen nicht selten zu einer Art „gläsernen Familie" durch die „quasi ‚sozialpädagogische Umzingelung' […] staatlich organisierter Ehrenamtlichkeit"[101], von der dann alle im Umfeld Lebenden alles wussten, aber ein tatsächlicher Hilfeeffekt in der Regel ausblieb.

Das Ziel war es immer, die Gefährdungssituation zu überwinden, damit die Kinder und Jugendlichen bei ihren Familien bleiben konnten. „Die Heimerziehung sollte angesichts der Grundkonzeption intakter sozialistischer Familien vermieden werden. […] Nur wenn eine sozialistische Erziehung der Kinder und Jugendlichen durch das Familienkollektiv nicht mehr gewährleistet werden konnte, war es Aufgabe der JugendfürsorgerIn des Referats Jugendhilfe, alternative Erziehungseinrichtungen zu erkunden und eine förderliche Erziehungsumgebung herzustellen."[102] Dieses Verfahren wurde aber erst dann eingeleitet, wenn keine der vorherigen Maßnahmen erfolgreich war und der Jugendhilfeausschuss dem Jugendfürsorger eine entsprechende Empfehlung zur Unterbringung im Heim vorschlug. „Heimerziehung wurde nach Gremienberatung im Jugendhilfeausschuss (JHA) unter Einbeziehung der Betroffenen und […] Personen aus dem lebensweltlichen Bezug (§ 36 Abs. 2 und 3 JHVO) dann ‚angeordnet', wenn ‚… die Erziehung und Entwicklung oder die Gesundheit Minderjähriger gefährdet und auch bei gesellschaftlicher und staatlicher Unterstützung der Erziehungsberechtigten nicht gesichert werden' konnte."[103] Ursachen für

---

100 Vgl. Müller, Monika: *Von der Fürsorge in die Soziale Arbeit,* 41.
101 Hammerschmidt, Peter; Weber, Sascha; Seidenstücker, Bernd: *Soziale Arbeit – die Geschichte,* 135.
102 Vgl. Müller, Monika: *Von der Fürsorge in die Soziale Arbeit,* 40–41.
103 Hammerschmidt, Peter; Weber, Sascha; Seidenstücker, Bernd: *Soziale Arbeit – die Geschichte,* 136.

die Unterbringung wurden (wie auch in anderen Bereichen) ausschließlich dem persönlichen „Versagen" der Familie angelastet, strukturelle oder gesellschaftliche Aspekte wurden in der Regel ausgeblendet.

In den Heimen selbst arbeiteten in der Regel Fürsorger – wenn überhaupt – in leitender Tätigkeit, sonst waren ausgebildete Heimerzieher (dauerhaft unterbesetzt) und angelernte Kräfte, ebenfalls unterstützt durch die Mitarbeit von Ehrenamtlichen, in dem Bereich tätig. Das Ziel der Heimerziehung war es, die vorhandenen Erziehungsdefizite bei den Kindern und Jugendlichen auszugleichen und eine Verhaltenskorrektur herbeizuführen, die ein Einfügen in und Anpassen an das sozialistische Gesellschaftssystem ermöglichte. „Abgesehen von den Jugendwerkhöfen, in denen Jugendliche untergebracht waren, die meist bereits straffällig geworden waren, wurden die Erziehungseinrichtungen der allgemeinen Kinder- und Jugendheime oftmals im Sinne einer erweiterten Familie gesehen, obwohl dies nicht sozialistischen Erziehungstheorien entsprach."[104] Grund für das familiäre Klima, war vermutlich der Wunsch der zahlreichen ungelernten und ehrenamtlichen Mitarbeiter, den Kindern und Jugendlichen einen Teil ihrer eigenen positiven Familienprägung vermitteln zu wollen, und lag weniger an einem bewussten pädagogischen Konzept für diese Einrichtungen.

Die Ausgestaltung der fürsorgerischen Erziehung im Heim lag (positiv wie negativ) in erster Linie in der Hand der Heimleitung, die wiederum den jeweiligen Schulräten understand, die aber in der Regel kein großes Interesse an dem Bereich hatten. „Öffentliche oder fachliche Diskurse, in denen systematisch anhand einer Reflexion der Praxis über Verbesserungen in den Einrichtungen nachgedacht worden wäre, waren offiziell nicht erwünscht bzw. sind dem informellen Bereich der Kommunikation zugeschoben worden."[105] So war es also möglich neue Wege auszuprobieren, solange niemand offiziell daran Anstoß nahm. Dies führte in der Praxis dazu, dass sich durchaus viele Kräfte engagiert für ihre Schützlinge einsetzten, allerdings ohne dass dieser Einsatz eine grundsätzliche oder nachhaltige Veränderung im System hätte anstoßen können.

Anfänglich sah die SED-Führung auch in der Fürsorge keine zwingende Notwendigkeit, fachlich geschultes und ausgebildetes Personal einzusetzen. Jugendfürsorge galt ebenfalls als ein Gebiet, das mit der fortschreitenden Entwicklung der Gesellschaft obsolet werden würde, auch Jugendkriminalität galt nur als ein „Überbleibsel" der fehlentwickelten kapitalistischen Gesellschaft.[106] Allerdings

104 Müller, Monika: *Von der Fürsorge in die Soziale Arbeit*, 50.
105 Müller, Monika: *Von der Fürsorge in die Soziale Arbeit*, 51.
106 Müller, Monika: *Von der Fürsorge in die Soziale Arbeit*, 39.

ist die Jugendfürsorge der erste Bereich, für den bereits ab 1959 eine dreijährige
Ausbildung zum Jugendfürsorger am Institut für Jugendhilfe in Ludwigsfelde
und später in Falkensee im Direktstudium eingeführt wurde.[107] In den meisten
Fällen verfügten die Jugendfürsorger über eine pädagogische Grundausbildung,
bevorzugt eine Pionierleiter-Ausbildung und hatten die Grundlagen einer sozialistischen Erziehung als Arbeitsgrundlage im Kinder- und Jugendbereich bereits
verinnerlicht.

Eine Entwicklung von sozialpädagogischen Konzepten gab es nicht. „Die Leitbil-
der einer guten Familie waren oftmals von persönlichen Erfahrungen unterlegt und
den Familien wurden gut gemeinte Ratschläge an die Hand gegeben. Fachliche Diskurse über Ursachen und den Umgang mit auftretenden Arbeitsproblemen – wie
z.b., wenn sich eine Familie oder die Jugendlichen fortgesetzt den Beeinflussungen
entzogen – wurden in der Jugendfürsorge nicht geführt und es lag im individuellen Ermessen des Jugendfürsorgers, mit diesen Problemfällen umzugehen. Das
berufliche Selbstverständnis der Jugendfürsorge, letztinstanzlich zuständig zu sein,
verhinderte eine Distanzierung vom Verwaltungsapparat der DDR."[108] Ebenso
wurde diese Distanzierung durch die Notwendigkeit häufiger und enger Zusammenarbeit mit der jeweiligen Abteilung für innere Angelegenheiten behindert und
so die Jugendfürsorge oft auf ein ausführendes Organ des Staates reduziert. Dies
verhinderte – obwohl sie durchaus am gesellschaftlichen Diskurs zur Jugend- und
Bildungspolitik der SED beteiligt war – letztendlich die Entstehung einer eigenen
sozialarbeiterischen Profilierung.

Die Jugendfürsorge war der einzige Bereich, der sich tatsächlich eine eigene
Expertise hätte bilden können, da er unter anderem von den Studiengängen zur
Jugend-, Sonder-, und Heilpädagogik in der DDR profitieren konnte, weil in diesem Rahmen ein aktueller Bildungs- und Erziehungsdiskurs geführt wurde. Zudem
gab es entsprechende Publikationen zu Themen, wie der Selbstverständnisklärung
sozialistischer Jugendfürsorge oder ähnliche. „Durch die universitäre und wissen-
schaftliche Verankerung von Erziehungsfragen und durch die Jugendforschung an
der Humboldt-Universität konnte die Jugendfürsorge staatliche und gesellschaftliche Akzeptanz gewinnen und in diesem Zusammenhang ein berufliches Hand-
lungsprofil schärfen."[109] Für den Teilbereich Jugendhilfe und Heimerziehung in der
DDR gab es aber wohl ganze zehn Wissenschaftler, die im Bereich Forschung, Lehre
und Weiterbildung tätig gewesen sind.[110] So scheint es, dass es die Jugendfürsorge,

---

107 Vgl. Kroll, Silvia: *Kirchlich-caritative Ausbildung in der DDR*, 389.
108 Müller, Monika: *Von der Fürsorge in die Soziale Arbeit*, 50.
109 Müller, Monika: *Von der Fürsorge in die Soziale Arbeit*, 49.
110 Vgl. Müller, Monika: *Von der Fürsorge in die Soziale Arbeit*, 40.

ebenso wie die anderen Fürsorgebereiche schwer hatte, in der Praxis eine Verknüpfung zur Theoriebildung Sozialer Arbeit herstellen zu können, bedingt durch die
Rahmenbedingungen, in denen sie agierte. Es kann ergebnissichernd festgehalten
werden: „Die proklamierte Vorherrschaft des Staates im Gesamtsystem der sozialen
Versorgung der DDR […] behinderte die Entfaltung des Berufsfeldes der Fürsorge
[in allen Teilbereichen] nachhaltig. Ein gesellschaftliches Mandat – ein Auftrag –
zur Bearbeitung sozialer Problemlagen wurde der staatlichen Berufsfürsorge in
der DDR seitens der SED vorenthalten. Die Berufsfürsorge wurde zwar geduldet,
konnte aber professionelle Standards, eine Berufsethik und eine spezifische Stilistik
sowie eine Berufskultur nicht entfalten."[111]

---

111 Vgl. Müller, Monika: *Von der Fürsorge in die Soziale Arbeit*, 51.

Vielfalt kirchlicher Fürsorge

Schwester Reinholda aus der Propsteigemeinde St. Sebastian in Magdeburg, verantwortlich für caritative Dienste, Krankenbesuche mit dem Moped und die medizinische Versorgung.

Foto © Dieter Müller

4 Die katholische Fürsorge in der DDR

Die folgende Darstellung zur Situation der katholischen Kirche in der DDR erhebt keinen Anspruch auf Vollständigkeit. Es wird der Versuch unternommen, grob die relevanten Eckpunkte zu benennen, die unter anderem die praktische Grundlage der katholischen Fürsorge in der DDR beeinflusst haben.

4.1 Die Katholische Kirche in der DDR

Eine genaue Standortbestimmung der katholischen Kirche in der DDR scheint einerseits klar, gestaltet sich gleichzeitig aber aus mehreren Gründen schwierig. Anders als in anderen Ländern des Ostblocks wurde in der DDR das bereits vor dem Zweiten Weltkrieg gültige Reichskonkordat zwar niemals aufgekündigt, aber praktisch auch nicht mehr angewendet, was nach Gerhard Lange[112] durchaus im beiderseitigen Interesse lag. „Das staatliche Interesse bestand sicherlich darin, dass man den Rechtsstatus der Kirche insgesamt aus ideologischem und damit politischem Kalkül nicht fixieren wollte, schon gar nicht in einer rechtsverbindlichen Form, denn der SED-Staat war ein atheistischer Weltanschauungsstaat. […] Für ihn waren Kirche und Christen zeitbedingte und darum vorübergehende Erscheinungsformen, da nach marxistischer Auffassung mit dem Aufbau einer sozialistischen Gesellschaft und mit der Herausbildung „sozialistischer Persönlichkeiten" der Glaube und die Kirche überflüssig […] und in kürzester Zeit gänzlich absterben [werden würde]."[113]

Um den Prozess des Absterbens zu beschleunigen, wurde bereits 1955 in einem Beschluss des Politbüros des ZK der SED festgehalten: „Gegen den Einfluss, den die feindlichen Ideologien, religiöser Aberglaube und Mystizismus auf das Bewusstsein der Werktätigen ausüben, wird ein ungenügender Kampf geführt. Die Verbreitung der marxistischen Weltanschauung und die naturwissenschaftliche atheistische Propaganda erfolgt noch nicht systematisch. […] Es

---

112 Vgl. Kroll, Silvia: *Kirchlich-caritative Ausbildung in der DDR*, 77. S. Kroll bezieht sich auf: G. Lange, *Katholische Kirche im sozialistischen Staat DDR. Kontakte zu staatlichen Stellen*. In: Ost-West Informationsdienst vom katholischen Arbeitskreis für zeitgeschichtliche Fragen e.V. (Hrsg.) Heft 175, 1992, 3–29.

113 Unter Bezug auf Äußerungen von Honecker aus dem Jahr 1970 und Hager aus dem Jahr 1972 und 1982. Kroll, Silvia: *Kirchlich-caritative Ausbildung in der DDR – Entwicklung im Aufgabenbereich Kinder und Jugendhilfe*, 77.

gilt, durch eine breite Popularisierung der neuesten Erkenntnisse der Wissenschaft, das reaktionäre Wesen der Religion zu entlarven und religiöse Vorurteile zu überwinden."[114] Aus der Perspektive der Kirche war die Nichtanwendung des Konkordats insofern günstig, als dass sie sonst dadurch gezwungen worden wäre, die DDR als Staat anzuerkennen, wodurch sie dem Staat damit in bestimmten innerkirchlichen Bereichen ein Mitspracherecht hätte einräumen müssen (zum Beispiel die Bischofswahl).[115]

Die 1949 in Kraft getretene DDR-Verfassung übernahm in Bezug auf Religion und Kirche fast wörtlich die rechtlichen Vorgaben der Weimarer Reichsverfassung (1919) und sicherte in den Artikeln 41–48 den Bürgern und Kirchen volle Glaubens- und Gewissensfreiheit, ein Recht auf Erteilung des Religionsunterrichts in den Schulräumen, Seelsorge in Krankenhäusern, Strafanstalten, sowie die Anerkennung der Kirchen als Körperschaft des öffentlichen Rechts zu. In der Alltagsrealität der DDR fand dies so gut wie keine Anwendung, was die Bischöfe während der gesamten DDR-Zeit immer anmahnten und einforderten.

Am Beispiel der Kirchensteuer lässt sich das systematisch-repressive Vorgehen des Staates gegenüber den Kirchen gut verdeutlichen. Nachdem zunächst die Einsicht in die Steuerlisten des Staates für die Kirche praktisch noch möglich war, wurde die staatliche Unterstützung zur Erhebung der Kirchensteuer durch diese Einsichtnahme relativ schnell gänzlich eingestellt.[116] So war die katholische Kirche darauf angewiesen, dass ihre Gläubigen diese Abgabe von sich aus leisteten. Zusätzlich wurde die katholische Kirche durch Bundesmittel der Bundesrepublik Deutschland, sowie die westdeutsche katholische Kirche dauerhaft unterstützt. Ohne diese finanzielle Absicherung hätte die Kirche in der DDR weder überlebt, noch ihre christlich-karitativen Aufgaben erfüllen können.[117]

1968 wurde mit der Verabschiedung der neuen DDR-Verfassung den Kirchen der Rechtsstatus als Körperschaft des öffentlichen Rechts aberkannt. Sie galten nur noch als juristische Person, da die Kirche aus Sicht des Staates nicht mehr war als eine private Vereinigung von Bürgern und somit keinen Anspruch auf irgendeinen Sonderstatus hatte.[118]

---

114 *Dokumente der SED*, Bd. V, 291–301, hier 291 f. Zitiert nach: Höllen, Martin: *Loyale Distanz? Katholizismus und Kirchenpolitik in SBZ und DDR, Ein historischer Überblick in Dokumenten*, Bd. 1 (1949 bis 1955), Berlin 1994, 395.

115 Vgl. Kroll, Silvia: *Kirchlich-caritative Ausbildung in der DDR*, 85.

116 Vgl. Ehm, Martin: *Die kleine Herde – die katholische Kirche in der SBZ und im sozialistischen Staat der DDR*, Berlin 2007, 35.

117 Vgl. Schäfer, Bernd: *Staat und katholische Kirche in der DDR*, Köln Weimar 1998, 326.

118 Vgl. Kroll, Silvia: *Kirchlich-caritative Ausbildung in der DDR*, 82.

Aus Sicht der Kirche verfestigte sich mit diesem Schritt zwar die Illegitimität des Staates, forderte diese weitere Ausgrenzung aber trotzdem die Auseinandersetzung mit der Realität, in der sie weiter ihrem „Sendungsauftrag[119] gerecht werden wollte. „Das bedeutete [nach Lange] in der Quintessenz, dass die katholische Kirche in der DDR alles das für sich als verbindlich ansah, was in der inneren Logik das „bonum commune" (Gemeinwohl) begründet lag, gleich, ob das Gemeinwohl staatlich normiert war oder nicht. Umgekehrt hatte sie daraus für sich das Recht abgeleitet, die Gesetze des Staates überall dort nicht zu beachten, wo sie der kirchlichen Grundauffassung und insbesondere dem Menschenbild, den Menschenrechten und dem „bonum commune" im weitesten Sinne widersprachen."[120]

Aus Sicht der DDR war die Kirche in das sozialistische System letztlich nicht integrierbar. Auch wenn es 1946 noch in einer Stellungnahme der SED-Parteiführung hieß: „Der christliche Glaube und die Zugehörigkeit zu einer Religionsgemeinschaft sind kein Hindernis für das Bekenntnis zum Sozialismus und für die Mitgliedschaft in der marxistischen Partei."[121] Diese Einstellung verkehrte sich im Laufe der Zeit ins Gegenteil und wurde von der katholischen Kirche selbst ohnehin nie geteilt. So fasste der katholische Bischof Joachim Wanke es folgendermaßen zusammen: „Ganz allgemein lässt sich sagen, dass die katholische Kirche von ihrem ganzen Selbstverständnis her nicht bereit ist, eine außertheologische Wirklichkeit, wie sie im Stichwort Sozialismus angedeutet wird, als Definition für eine eigene Wesensbestimmung anzuerkennen."[122] Schon der Anspruch auf den alleinigen Besitz der Wahrheit in den Bereichen Natur, Gesellschaft und Geschichte und dem darin inbegriffenen Selbstverständnis, dass etwas Transzendentes – wie Gott – nicht existieren könne bzw. dürfe und der Marxismus den Menschen von eben diesem Aberglauben und der

---

119 Vgl. Schäfer, Bernd: *Staat und katholische Kirche in der DDR*, 386.

120 Kroll, Silvia: *Kirchlich-caritative Ausbildung in der DDR*, 86. Kroll bezieht sich auf: Lange, G.: *Katholische Kirche im sozialistischen Staat DDR. Kontakte zu staatlichen Stellen.* In: Ost-West Informationsdienst vom katholischen Arbeitskreis für zeitgeschichtliche Fragen e.V. (Hrsg.) Heft 175, 1992, 3–29.

121 Raabe, Thomas: *Der SED-Staat und die Katholische Kirche, Politische Beziehungen 1949–1961*, Paderborn 1995, 25. Zitiert nach: Ehm, Martin: *Die kleine Herde*, 34.

122 Bischof Wanke 1987. In: Dittrich, Bernhard: *Stützen oder Kritiker eines sozialistischen Staates? Die Kirche am Vorabend der Revolution*. In: Ester, Herrmann; Poettgens, E., Sonnberger, Klaus (Hrsg.): *Dies ist nicht unser Haus, Die Rolle der katholischen Kirche in der politischen Entwicklung der DDR*, Amsterdam Atlanta 1992, 33–45. Zitiert nach Ehm, Martin: *Die kleine Herde*, 117.

daraus abgeleiteten Knechtschaft befreie, verdeutlicht, weshalb es keine gemeinsame Grundlage geben konnte. Somit verzichtete die katholische Kirche weitgehend konsequent auf eine Annäherung in den Beziehungen zum Staat.

Da die katholische Kirche aber weiterhin existierte, bedurfte es in der DDR
einer entsprechenden „Kirchenpolitik", durch die man programmatisch und
administrativ versuchte, deren Absterben zu beschleunigen. „Überwachung,
Kontrolle und Repressionsmöglichkeiten waren bis 1989 die gängigen Voraussetzungen, um der SED-Kirchenpolitik taktische Spielräume zu ermöglichen.
[…] ‚Kirchenpolitik' war […] aus kommunistischer Sicht eine komplizierte
Auseinandersetzung mit einem zum Verschwinden bestimmten Objekt des
‚institutionalisierten Aberglaubens', das gleichwohl noch vorhanden und von
bestimmter politischer und gesellschaftlicher Relevanz war."[123] Eine besonders
große Rolle kam dabei dem Ministerium für Staatssicherheit (MfS) zu. Zu dessen Hauptaufgabe gehörte es, durch permanente Überwachung, Informationen
über Personen, Strukturen und mögliche Ansatzpunkte zum Intervenieren zu
sammeln und zu dokumentieren, um sie entweder gezielt gegen einzelne Personen oder als Grundlage für Manipulationsversuche zu nutzen und damit Spaltungstendenzen innerhalb der Kirche zu erzeugen. Bis 1989 hatte diese Strategie
aber nur mäßigen bis gar keinen Erfolg.[124] So beklagte der Staatssekretär Hans
Seigewasser 1972 in einer Rede „die straffe Hierarchie der katholischen Kirche,
welche es dieser neuerdings wieder erlaube, aggressiver aufzutreten. Weiterhin
konstatierte er, dass ‚die katholische Kirche in der DDR […] eine größere Rolle'
spiele ‚als ihr allein von der Größe herzukommen würde' und sie innerhalb des
sozialistischen Lagers einen ‚negativen Modellcharakter' besäße."[125] Ebenso
beklagt er den mangelnden staatlichen Einfluss auf die Priesterausbildung in der
DDR. Mit dem Mauerbau wurde das repressive Vorgehen gegen die Kirche zwar
etwas geringer, beziehungsweise in seiner Form verändert, blieb aber im Grundsatz der oben beschriebenen Linie treu. Die Kirche und all ihre Mitglieder blieben der Klassenfeind, der mit dem kapitalistischen „Westen" und dem Vatikan
konspirierte, den es zu „beseitigen" galt.

Die katholische Kirche in der DDR befand sich in einer doppelten Diasporasituation[126], sowohl räumlich-kulturell innerhalb der Gesellschaft, als auch

---

123 Schäfer, Bernd: *Staat und katholische Kirche in der DDR*, 31–32.

124 Vgl. Ehm, Martin: *Die kleine Herde*, 95 ff.

125 Ehm, Martin: *Die kleine Herde*, 90.

126 Diaspora – in einem weitläufigen Sinne Ausdruck für die Minderheitensituation religiöser Gruppen. Vgl. Viertel, Matthias (Hrsg.): *Grundbegriffe der Theologie*, München
2005, 112.

spirituell. Die evangelische Kirche war auf dem Gebiet der DDR zahlenmäßig stärker vertreten. Beide Kirchen haben im Laufe der DDR-Diktatur deutlich an Mitgliederzahlen verloren (katholische Kirche 1946 circa 12 Prozent – 1989 circa 6 Prozent der Gesamtbevölkerung der DDR[127]). Für beide Kirchen galt, dass die Kirchenzugehörigkeit aufgrund ihrer exklusiven gesellschaftlich und wertbezogenen Positionierung gegenüber dem Staat eine besondere Rolle einnahm: „die Mitgliedschaft hatte Bekenntnischarakter und eine lediglich formale Mitgliedschaft war eher selten."[128]

Auf dem Gebiet der DDR erfolgte, nach wiederholten Verhandlungen zwischen der DDR-Führung und dem Vatikan, eine Neustrukturierung der Kirchengebiete (Landesgrenzen = Kirchengrenzen). Da der Vatikan aber die ursprüngliche Bistumsstruktur nicht aufgeben wollte, um damit ausdrücklich nicht dem Wunsch der DDR zu entsprechen, blieben offiziell die Verbindungen zu den nun in Westdeutschland liegenden Bistumsteilen bestehen. Es wurden aber sogenannte Bischöfliche Ämter geschaffen, in denen geweihte Bischöfe, sogenannte Apostolische Administratoren, sämtliche bischöfliche Aufgaben ausüben durften. Defacto agierten die Bischöfe damit in einem eigenständigen Teilbistum. Infolge dieser Vereinbarung gab es dann das Bistum Berlin, das Bistum Dresden-Meißen und die Bischöflichen Ämter Erfurt (zu Fulda) und Meiningen (zu Würzburg) in Personalunion, Magdeburg (zu Paderborn) und Schwerin (zu Osnabrück). Um den Bischöfen auf dem Gebiet der DDR „mehr Gewicht" zu verleihen, erteilte der Vatikan 1976 die Weisung, eine eigene Bischofskonferenz (Berliner Bischofskonferenz BBK) zu gründen, die aber parallel ganz bewusst ein Teil der deutschen Bischofskonferenz in der Bundesrepublik Deutschland blieb.

Zum Schutz ihrer Mitglieder und der Institution entschied sich die katholische Kirche in der DDR über weite Strecken für eine Politik der sogenannten „Abstinenz" bei gleichzeitiger Geschlossenheit gegenüber der DDR-Regierung. Damit wurde eine strikte Trennung von Staat und Kirche vollzogen. „Der Verzicht auf kritische öffentliche Äußerungen gegenüber dem Staat ermöglichte den Verbleib des Zugangs nach West-Berlin und damit die ständige Verbindung mit der Bundesrepublik Deutschland und dem Vatikan."[129] In der Konsequenz äußerte sich die Kirche bei gesellschaftlichen Fragen und Entwicklungen offiziell nicht, es sei denn es betraf „Themen, welche die Existenz bzw. die Identität der Kirche oder zentrale Inhalte der katholischen Glaubens- und Sittenlehre

---

127 Vgl. Ehm, Martin: *Die kleine Herde*, 13.
128 Müller, Monika: *Von der Fürsorge in die Soziale Arbeit*, 76.
129 Ehm, Martin: *Die kleine Herde*, 99.

unmittelbar tangierte (wie Jugendweihe, Schwangerschaftsabbruch, Benachteiligung von Christen im atheistischen Schulsystem u.ä.).“[130]

In den jährlichen Grundsatzgesprächen des jeweiligen Vorsitzenden der Berliner Bischofskonferenz mit dem jeweiligen Staatssekretär für Kirchenfragen wurde allerdings deutlich Stellung zu allen gesellschaftsrelevanten Themen, die auch über innerkirchliche Inhalte hinaus gingen, bezogen. So wurde insbesondere immer wieder die Einhaltung der Menschenrechte eingefordert, unter Benennung der entsprechenden Defizite.[131] Dieses Vorgehen des öffentlichen „destruktiven“ Schweigens und indirekten offensiven Kritisierens wird von der DDR-Führung regelmäßig analysiert und als demonstrativ „provokatives“ und „aggressives“ Verhalten gewertet. Verstärkt wurde dieser Eindruck durch die in der Berliner Bischofskonferenz vereinbarte Taktik der Geschlossenheit gegenüber dem Staat – dem Sprechen mit einer Stimme. „[…] Nur die Gesamtheit der Bischöfe Deutschlands ist berechtigt, Erklärungen zu Zeitfragen im Namen der katholischen Kirche Deutschlands abzugeben. Für den Bereich seines Bistums ist in analoger Weise der Bischof zuständig, derartige Erklärungen abzugeben. Sollten seitens weltlicher Stellen von den meiner Jurisdiktion unterstehenden kirchlichen Dienststellen Erklärungen zu Zeitfragen eingefordert oder erbeten werden, die als Stellungnahme der katholischen Kirche gewertet werden könnten, so ersuche ich, mit dem Hinweis auf diesen Erlass und die ihm zugrunde liegende Rechtslage, eine solche Erklärung nicht abzugeben.“[132] Dieser Erlass sollte alle Mitglieder der Kirche, im Besonderen die Mitarbeiter und das pastorale Personal schützen und somit die Differenzierungsstrategie des MfS gegenüber der Kirche vereiteln. Nach Wolfgang Tischner: „In fast spiegelbildlicher Form hat die katholische Kirche sich dabei gezwungen gesehen, auf die Bildung eines zentralistisch-diktatorischen Staates mit der Bildung von Strukturen zu reagieren, die – die gar nicht so unähnlich – das Machtzentrum verstärkten und die Hierarchie darauf ausrichteten.“[133]

Gleichzeitig erzeugte diese hierarchische Geschlossenheit eine gewisse Isolation der Kirche. Weihbischof Wolfgang Weider beschrieb diese Situation im

---

130 Ehm, Martin: *Die kleine Herde*, 100.
131 Vgl. Schäfer, Bernd: *Staat und katholische Kirche in der DDR*, 334.
132 Ehm zitiert den Preysing-Erlass nach: Adolph, Walter: *Kardinal Preysing und zwei Diktaturen. Sein Widerstand gegen die totalitäre Macht*, Berlin 1971, vollständig abgedruckter Erlass 253 f. Zitiert nach Ehm, Martin: *Die kleine Herde*, 50.
133 Tischner, Wolfgang: *Katholische Kirche in der SBZ/DDR 1945–1951, Die Formierung einer Subgesellschaft im entstehenden sozialistischen Staat*, Paderborn u.a. 2001, 198. Zitiert nach: Ehm, Martin: *Die kleine Herde*, 62.

Interview mit dem Deutschlandfunk vom 03.10.2014 folgendermaßen: „Die Bischöfe haben immer gesagt: Wir sprechen für euch! Die Pfarrer sollen sich nicht offiziell äußern, sondern der Bischof spricht mit einer Stimme, damit sie uns nicht auseinanderdividieren. Das war unsere Anpassung. Jetzt nicht an den Kommunismus, sondern an die Situation, wie wir am besten überdauern eine solche Zeit."[134]

Das MfS hatte so zumindest erreicht, dass sich die katholische Kirche aus der Öffentlichkeit in ihren Binnenraum zurückzog, sich weitgehend damit auf die Seelsorge und die Liturgie beschränkte, wie zum Beispiel Gottesdienste, Sakramente und innerkirchliche Veranstaltungen.[135] Dies entsprach – als Strategie des Überlebens – bis zu einem gewissen Punkt auch dem damaligen Selbstverständnis der katholischen Kirche. So formulierte Weihbischof Weider im selben Interview: „Wir hatten als Grundsatz: Wir machen keine Revolution. Wir wollen Seelsorge hier betreiben, wir wollen als Kirche leben. Und wir werden immer hinweisen auf bestimmte Grundrechte, auf Freiheit der Religionsausübung. Dazu haben sich dann die Bischöfe in gemeinsamen Hirtenbriefen geäußert. Aber es ging niemals darum, den Staat zu stürzen."[136]

Für diese Haltung wurde und wird die katholische Kirche von verschiedenen Seiten stark kritisiert. Man kann sie als eine Unterlassung einer zwingend notwendigen politischen Einmischung deuten. Dies hätten sich gerade während der Zeit der friedlichen Revolution viele Kirchenmitglieder gewünscht. In ihrer Wahrnehmung reagierte die Kirche, wenn überhaupt immer zu spät, wenn andere, in dem Fall die evangelische Kirche, schon längst aktiv geworden waren. Oder man bewertet sie als eine Strategie, die der Minderheitskirche ihr bisheriges Überleben im System gesichert hat. Bernd Schäfer kommt zu dem Schluss: „Die Linie der „politischen Abstinenz" war nicht unpolitisch, da eine

---

134 Vgl. Deutschlandfunkinterview: Bertsch, Matthias: *Friedliche Revolution in der DDR – Distanz statt Protest bei der katholischen Kirche*, Artikel vom 3.10.14. http://www. deutschlandfunk.de/friedliche-revolution-in-der-ddr-distanz-statt-protest-bei.886. de.html?dram:article_id=299330, abgerufen am 7.06.20.

135 Eine öffentlichkeitswirksame Kirche war von der DDR nicht erwünscht. Sie sollte mittels negativer Propaganda, verschiedenster Diskriminierungsmethoden und durch attraktive Karriereangebote außerhalb der Kirche unterlaufen werden. Vgl. Ehm, Martin: *Die kleine Herde*, 39.

136 Vgl. Deutschlandfunkinterview: Bertsch, Matthias: *Friedliche Revolution in der DDR – Distanz statt Protest bei der katholischen Kirche*, Artikel vom 3.10.14. http://www. deutschlandfunk.de/friedliche-revolution-in-der-ddr-distanz-statt-protest-bei.886. de.html?dram:article_id=299330, abgerufen am 7.06.20.

Verweigerung der staatlicherseits zunächst noch eingeforderten öffentlichen Stellungnahme ein bewusster politischer Akt war und zunächst in der SED als kalkulierte Zumutung eingeschätzt wurde.“[137] Hans Joachim Meyer ergänzt diese Ausführungen: Eine „Verweigerung und deutliche Distanz können […] von hoher Aktivität zeugen und nicht selten mit offenen Bekenntnissen identisch sein.“[138]

Wie gut diese nach außen getragene Einigkeit der Bischofskonferenz gelungen war und welchen Nachteil sie zeitgleich hatte, zeigt gerade die sehr kontroverse Realität kurz vor und während der Zeit der friedlichen Revolution in der DDR innerhalb der Berliner Bischofskonferenz, von der die innerkirchliche, aber auch gesellschaftliche Außenwelt wenig mitbekommen hat. So sind einzelne Bischöfe immer wieder von der vereinbarten Einheitslinie abgewichen und haben sich klar gegen das System positioniert und auch Forderungen formuliert: Daher fordert zum Beispiel Bischof Joachim Meisner 1987 beim Katholikentreffen: „Die Christen in unserem Land möchten ihre Begabungen und Fähigkeiten in unsere Gesellschaft einbringen, ohne dabei einem anderen Stern folgen zu sollen als dem von Bethlehem. Wie viele brachliegende Kräfte und stille Reserven würden dann aktiviert werden, wenn für den beruflichen Einsatz des einzelnen Bürgers vorrangig Sachkompetenz ausschlaggebend wäre!“[139] Nicht immer waren solche öffentlichen Äußerungen vorher abgesprochen und führten zu großen Kontroversen, was zu einer Verlangsamung des Einigungsprozesses in Bezug auf öffentliche Stellungnahmen der Berliner Bischofskonferenz führte. So entstand der Eindruck, die katholische Kirche hinke immer etwas hinterher.

Erzbischof Georg Sterzinsky formulierte 1990 in seinem Grußwort zur VI. Synode der BEK in der DDR der Evangelischen Kirche seinen großen Dank im Namen der Berliner Bischofskonferenz und der katholischen Christen in der DDR für deren Leistung im Herbst 1989 und räumte dabei selbstkritisch ein: „Wir werden noch viel überlegen müssen, worin eigentlich unser Versagen auf katholischer Seite bestanden hat. […] Wir haben nicht zu hoffen gewagt, dass Demonstrationen, Willensbekundungen und Willensäußerungen zu einem Erfolg führen könnten. Wir haben deshalb bedauerlicherweise uns sehr zurückgehalten und

---

137 Schäfer, Bernd: Staat und katholische Kirche in der DDR, 240.
138 Meyer, Hans Joachim: Das Entstehen der katholischen Laienbewegung in der DDR. In: Theologische Bulletin 22 (1990), 276. Zitiert nach: Ehm, Martin: Die kleine Herde, 105.
139 Grande, Dieter; Schäfer, Bernd: Zur Kirchenpolitik der SED. Auseinandersetzungen um das Katholikentreffen 1983–1987, Leipzig 1994, 173 (Predigt beim Festgottesdienst). Zitiert nach: Schäfer, Bernd: Staat und katholische Kirche in der DDR, 389.

viel zu wenig an den Vorbereitungen des Neuaufbruchs beteiligt."[140] Über diese
selbstkritischen Äußerungen hinaus sei aber erwähnt, dass es auch innerhalb der
katholischen Kirche zahlreiche Einzelpersonen und Gruppen gab, die sehr wohl
aktiv an diesem Veränderungsprozess beteiligt waren – Priester, die ebenfalls
Kirchen für alle geöffnet haben, Menschen, die Eingaben an die SED-Führung
geschrieben und einen offenen Dialog gefordert haben, wie eben auch Bischöfe,
die nicht darauf gewartet haben, dass es einen Beschluss zur einheitlichen Mei-
nungsäußerung gegeben hat. Josef Pilvousek fasst die Situation für die Bischöfe
in der DDR folgendermaßen zusammen: „Trotzdem sollte nochmals betont werden, dass es für Mitglieder der BOK/BBK immer eine schwierige Gratwande-
rung war, sich ohne Anpassung, aber auch ohne politischen Widerstand in einer
kirchenfeindlichen Diktatur zum Wohl der Kirche erfolgreich zu bewähren."[141]

4.2 Die besondere Situation der katholischen Fürsorge

Bisher gibt es sehr wenige Veröffentlichungen zur Situation und zum Selbstverständnis der katholischen Fürsorge in der DDR, was eine ausführliche und
valide Darstellung dieses Bereichs erschwert. Von diesen wenigen Veröffentlichungen gibt Silvia Kroll in ihrem Buch „Kirchlich-caritative Ausbildung in
der DDR" einen guten Einblick in die Entwicklung des Berufsfeldes der katholischen Fürsorge und einen ersten Einblick in die Entwicklung der Ausbildungsinhalte. Diese Entwicklung soll im Folgenden aber nur angerissen werden, da
sie für diese Arbeit nicht so bedeutsam ist. Die relevanten Inhalte im Hinblick
auf Beratung werden im folgenden Kapitel noch einmal aufgegriffen. Die Ausführungen von Monika Müller in ihrem Buch „Von der Fürsorge in die Soziale
Arbeit" erscheinen, neben ihren sehr aufschlussreichen allgemeinen Ausführungen zur Entwicklung und Ausgestaltung des Berufsbildes der Fürsorge in Bezug
auf die katholische Fürsorge, sehr defizitorientiert. So entsteht unter anderem
der Eindruck, die katholische Fürsorge wäre durch eine sehr autoritäre und
bevormundende Einflussnahme durch den Klerus und die Bistumsleitung in
ihrer Ausbildung, im Berufsalltag und in der persönlichen Weiterentwicklung

---

140 Georg Kardinal Sterzinsky in: Ester, Herrmann; Häring, Herrmann; Poettgens, E.;
Sonnberger, Klaus (Hrsg.): *Dies ist nicht unser Haus. Die Rolle der katholischen Kirche
in der politischen Entwicklung der DDR*, Amsterdam/Atlanta 1992, 151–153. Zitiert
nach: Ehm, Martin: *Die kleine Herde*, 133.

141 Pilvousek, Josef: *Die katholischen Bischöfe der DDR im Visier des Staatsapparats.*
In: Brose, Thomas (Hrsg.): *Gewagte Freiheit – Wende, Wandel, Revolution*, Leipzig
1999, 109.

eingeengt und behindert worden, so dass eine positive Entwicklung schwer möglich gewesen wäre. Diesen negativen Eindruck haben wir weder in anderen Quellen, noch durch unsere Gesprächspartner bestätigt gefunden, weshalb diese Aspekte der Arbeit nur eingeschränkt einbezogen werden.[142]

Direkt nach Kriegsende 1945 begann (unter anderem) die kirchliche Fürsorge Hilfe für Menschen in Not zu organisieren. Ein nicht unerheblicher Teil bestand dabei aus der Unterstützung und Begleitung der vielen Geflüchteten aus den Ostgebieten. Die militärische Besatzungsmacht der Sowjetunion duldete dieses kirchliche Engagement und die Kirchen erhielten einen Teil ihrer von den Nationalsozialisten beschlagnahmten sozialen Einrichtungen zurück, mit Ausnahme der Kinder- und Jugendheime für nicht behinderte Minderjährige – diese Einrichtungen oblagen allein dem Kompetenzbereich des Staates. Zu diesem Zeitpunkt gab es bereits eine enge Zusammenarbeit zwischen dem Caritasverband und den Diözesen auf dem Gebiet der späteren DDR, die ihre gemeinsame Arbeit über die bestehenden Sektorengrenzen bzw. Besatzungsgrenzen hinweg organisierten. Das Verbot der freien Wohlfahrtspflege für das DDR-Gebiet durch das Ministerium für Inneres 1950 erschwerte die Arbeit der beruflichen katholischen Fürsorge. „Bedeutsam für die Entwicklung der katholischen Fürsorge in der DDR war 1949 die Wahl des Sitzes des gesamtdeutschen Caritasverbandes in Freiburg. Nach der Staatsgründung der DDR wurde 1951 die Hauptvertretung des Deutschen Caritasverbandes in West-Berlin mit einem Büro in Ost-Berlin eröffnet."[143] Das Ost-Berliner Büro wurde damit zur zentralen Koordinationsstelle für die Caritas-Fürsorge in der DDR und hielt engen Kontakt zur Caritasstelle-West. Die Caritas war in enger Kooperation mit den Diözesen als übergeordnete Stellen maßgeblich entscheidend für den Aufbau der Fürsorgeausbildung, Fort- und Weiterbildung der Mitarbeiter und gezielte Schulungen rund um sozial-karitative Belange. Die Diözesen übernahmen den praktischen Aufbau der karitativen Fürsorge in den Dekanaten der DDR und waren zuständig für Rechts- und Finanzfragen.

Bis zum Mauerbau war ein Austausch an Personal und materiellen Gütern von West nach Ost und umgekehrt möglich, so dass zunächst auch die

---

142 Für den Spezialbereich der der katholischen Ehe-, Familien- und Lebensberatung wird in erster Linie das Buch von Martin Fischer „Dienst an der Liebe" herangezogen. Da sich diese kirchliche Beraterausbildung außerhalb des Fürsorgekontextes entwickelt hat und auch für andere Berufsgruppen in Frage kam, wird dieser Aspekt erst im nächsten Kapitel eingehend betrachtet.

143 Müller, Monika: Von der Fürsorge in die Soziale Arbeit, 80.

Ausbildungskurse an einem Standort an der Wohlfahrtsschule des Deutschen Katholischen Frauenbundes in Berlin-Charlottenburg stattfinden konnten (erster Kurs für Frauen 1948, erster Männerkurs 1949). Mit dem Bau der Mauer war es aber zwingend notwendig, eine Ausbildungsmöglichkeit auf dem Territorium der DDR zu etablieren. Zunächst gab es einen Ausbildungsstandort für Männer ab 1962 in Leisig (später Chemnitz) und für Frauen ab 1961 in Magdeburg. Aus Organisations- und Effektivitätsgründen wurden ab 1972 Männer und Frauen gemeinsam in Magdeburg ausgebildet. Die Bewerbung für einen Ausbildungsplatz erfolgte beim Caritasverband über die Diözesen. Ausbildungsvoraussetzung war mindestens ein halbjährliches Vorpraktikum in einer Einrichtung der katholischen Kirche oder einem Dekanat. Die meisten Bewerber hatten bereits eine abgeschlossene Berufsausbildung. Zu den Ausbildungsinhalten der Fürsorgeausbildung im kirchlich-karitativen Dienst gehörten die Lehrbereiche:

- Lebenslage und Lebensweise (Psychologie, Soziologie/Sozialethik, Gesundheitslehre),
- Theologische, philosophische und anthropologische Fragen (Dogmatik, Moral, Bibelkunde/Exegese, Kirchengeschichte, Liturgik, Anthropologie/Soziallehre),
- Rahmenbedingungen (Caritaskunde/kirchliche Sozialarbeit, Staatskunde, Politologie),
- Rechtsgrundlagen (Recht, Verwaltung, Jugendhilfe, Sozialhilfe),
- Handlungstheorie (Pädagogik, Sozialpädagogik, Heilpädagogik),
- Handlungskonzepte, Handlungsmethoden (Methodenlehre der sozialen Einzelfallhilfe, Arbeit mit Gruppen, Wirtschaftskunde, Wissenschaftliches Arbeiten, Musik/Chor, Basteln/Werken/künstlerisches Gestalten/Gymnastik/Sport),
- Praxis (UBP [Praxisbegleitender Unterricht], pädagogisches Praktikum, Dekanatspraktikum, Gemeindepraktikum),
- Personenzentrierte Angebote (Sozialgeschichte/Tagesfragen, geistliche Angebote (Gottesdienste, Einkehrtage), Besichtigungen, Wanderungen, Studienfahrten, Schreibmaschinenkurs).[144]

Durch inhaltliche und strukturelle Veränderungen variierte die Ausbildungsdauer im Laufe der Zeit zwischen zwei bis zweieinhalb Jahren, jeweils mit einem sich direkt anschließenden Anerkennungsjahr in einer Einrichtung des kirchlich-karitativen Dienstes.[145] Bis auf wenige Ausnahmen konnten die

144 Vgl. Kroll, Silvia: *Kirchlich-caritative Ausbildung in der DDR*, 435ff.
145 Vgl. Müller, Monika: *Von der Fürsorge in die Soziale Arbeit*, 110.

kirchlich ausgebildeten Fürsorger nur innerhalb des Binnenraums der Kirche
tätig werden. Die Absolventen erhielten keine staatliche Anerkennung und auch
kein staatliches Mandat, um im Fürsorgebereich tätig zu werden. Da sich die
Ausbildung aber an den westdeutschen Standards zur Sozialarbeiterausbildung
orientierte, war die Anerkennung ihrer Abschlüsse als Sozialarbeiter nach der
Zeit der friedlichen Revolution relativ unproblematisch. Bereits in den siebziger
Jahren gab es zwei Kurse, deren Ausbildungsziel die „Sozialarbeiter im kirchli-
chen Dienst (Fürsorger)" war. Man nahm von dieser Berufsbezeichnung wieder
Abstand mit der Begründung, „dass in der Gesellschaft der DDR der Begriff
‚Sozialarbeit' unklar sei, hingegen der Begriff ‚Fürsorger' verstanden wurde."[146]

Die kirchliche Fürsorge entwickelte sich parallel zur staatlichen Fürsorge und
war in erster Linie auf die kirchlich-karitative Arbeit ausgerichtet. Anders als im
staatlichen System gab es schon im Bereich der Ausbildung keine Dreiteilung
(Gesundheits-, Sozial-, und Jugendfürsorge). Die grundständig konzipierte Ausbildung sah später die Möglichkeit vor, zwischen verschiedenen Schwerpunkten wählen zu können, wobei dies aber nicht notwendigerweise als berufliche
Festlegung – also für einen ausschließlichen Tätigkeitsbereich – zu verstehen
war. Die grundsätzliche Organisation der katholischen pastoralen und fürsorgerischen Arbeit in den Dekanaten und Diözesen erfolgte bereits unter Prälat
Suhlbach als erstem Caritasdirektor nach dem zweiten Weltkrieg. Zu den Aufgaben der sogenannten Dekanatsfürsorger gehörten allgemein sowohl die Arbeit
im Caritassekretariat (das jeweils in den Räumlichkeiten einzelner Gemeinden
angesiedelt war) als auch die Fürsorge im Dekanat – vorrangig als aufsuchende
Fürsorge. Der direkte Vorgesetzte der Fürsorger war der ortsansässige Priester für alle direkten dekanatsspezifischen Aufgaben und für alle Aufgaben im
Bereich der Caritassekretariate der Diözesancaritas, dem ein jährlicher Rechen-
schaftsbericht vorzulegen war. Die Caritassekretariate waren das Bindeglied zwischen den Pfarrgemeinden und der Diözesancaritas. „Die Berufsfürsorge in den
Caritassekretariaten – insgesamt bestanden von 1974 an in den Jurisdiktions-
bezirken 57 Dekanats- und Stadtcaritasfürsorgestellen [...] – die der Diözesancaritas unterstanden, wurde vom Bischof als oberster Hirte geleitet."[147] Über die
gesamte DDR-Zeit hinweg bis 1998 waren etwa 150 katholische Fürsorger auf
dem Gebiet der DDR tätig. Diese Kollegen kannten sich und standen eng miteinander im Kontakt.

---

146 Kroll, Silvia: *Kirchlich-caritative Ausbildung in der DDR*, 427.
147 Müller, Monika: *Von der Fürsorge in die Soziale Arbeit*, 82.

Da es immer wieder aufgrund einer mangelnden Tätigkeitsbeschreibung mit klar definiertem Aufgabenbereich für den Fürsorgebereich zu konflikthaften Auseinandersetzungen zwischen dem Klerus vor Ort und den dort tätigen Fürsorgern kam, wurde um eine verbindliche Klärung dieser Frage gebeten. 1977 wurde von der Zentralstelle dafür als Ergebnis festgehalten: Die Hauptaufgaben der katholischen Fürsorger im Diözesangebiet sind „Betreuungs-, Organisations-, Leitungs-, Beratungs- und Bildungstätigkeit[en]. [...] Die speziellen Arbeitsaufgaben waren:

1 nicht spezialisierte Arbeit in einem Dekanat und in der Stadt (Arbeitsbereich: ‚Dekanats- und Stadtfürsorge'),

2 spezialisierte Arbeit bei körperlich, geistig oder sinnesbehinderten Menschen (Arbeitsbereich: ‚Referate in der Diözesancaritas'),

3 Krankenfürsorge, Betreuung und Begleitung kranker und alter Menschen (Arbeitsbereich: ‚Krankenfürsorge'),

4 pädagogische Arbeit in Heimen für Kinder und Jugendliche, in Tagesstätten und Werkstätten für Behinderte, im Internat oder Leitung dieser Einrichtung (Arbeitsbereich: ‚Sonstige Bereiche von Fürsorge').“[148]

Im Jahr 1984 wurden die Aufgabenbereiche als offene, halboffene und geschlossene Arbeitsbereiche etwas allgemeiner gefasst, blieben aber in der Ausgestaltung und den Zielgruppenbeschreibungen gleich. Zusätzlich aufgeführt werden im Bereich der halboffenen Fürsorge: Beratungsstellen für Ehe-, Familien- und Lebensberatung, Beratungsstellen für Suchtgefährdete und Abhängige. So wird das Berufsbild der Fürsorge im kirchlich-karitativen Dienst 1980 beschrieben als: „Die Sorge der Kirche gilt allen Menschen, besonders denen, die in Not sind. Die Fürsorgerin bzw. der Fürsorger wendet sich den Menschen zu, die aus eigener Kraft ihr Leben nicht gestalten können.“[149]

Abhängig von der Größe eines Dekanats waren die Fürsorger in der Regel für zwei bis drei Dekanate zuständig. Dieser Bereich konnte gerade in ländlichen Regionen flächenmäßig sehr groß sein – bis zu 120 Kilometer von einer zur anderen Grenze, was im schlechtesten Fall per Dienstfahrrad bewältigt werden musste.[150] Je nach Standort und Jurisdiktionsbezirk konnten die einzelnen

---

148 Kroll, Silvia: *Kirchlich-caritative Ausbildung in der DDR*, 236.

149 Kroll, Silvia: *Kirchlich-caritative Ausbildung in der DDR*, 238. Kroll zitiert: Archiv KFB [Katholische Fachhochschule Berlin], Akte Fürsorgerseminar, Ordner Erarbeitung der Ausbildungskonzeption – AG Fürsorgeausbildung.

150 Vgl. Müller, Monika: *Von der Fürsorge in die Soziale Arbeit*, 110.

Tätigkeitsfelder vor Ort voneinander und in der Intensität der Ausübung differieren. Die in den Caritassekretariaten angebotenen Sprechstunden wurden sehr unterschiedlich genutzt. Grundsätzlich hatte die überwiegend aufsuchende Fürsorge durch den Fokus auf die Gemeindefürsorge eine gewisse alltägliche und lebensweltliche Nähe, die einen Beziehungsaufbau zu den Hilfebedürftigen erleichterte. Wenngleich die Fürsorger immer darauf achten mussten, sich nicht völlig von ihrem Beruf einnehmen zu lassen, auch wenn die Grundsatzentscheidung, Mitarbeiter im kirchlichen Dienst zu werden, auch einen Aspekt von Berufung hatte – der berufliche Weg zurück in den staatlichen Bereich war oft nicht möglich. Diese Nähe zu den Klienten erleichterte es den Fürsorgern oft, schnell den tatsächlichen Hilfebedarf bei den Hilfesuchenden zu ermitteln. Die meist klassische Einzelfallhilfe hatte eine große Bandbreite – angefangen von der Reparatur eines Rollstuhls, über das Besorgen von knappen Gütern, wie speziellen technischen Hilfsmitteln für Menschen mit Behinderungen, bis zur Beratung und Begleitung von Menschen in krisenhaften Lebenssituationen. Im Zentrum stand dabei immer gelebte Nächstenliebe am Menschen. „Die Tätigkeit eines Fürsorgers und einer Fürsorgerin war vielseitig und reichte von dem Angebot praktischer und [bis] beratender Hilfe in besonderen Lebenssituationen für spezielle Personengruppen, wie Behinderte, alleinerziehende Mütter, Kranke und alte Menschen.“[151] Im Prinzip ist das Tätigkeitsfeld der katholischen Fürsorge in der DDR aus heutiger Sicht am ehesten vergleichbar mit einer Mischung aus „Allgemeiner Sozialberatung" und einzelnen Tätigkeitsfeldern der jetzt in den Dekanaten aktiven Pastoralreferenten.[152] Der Vorteil der oben beschriebenen fehlenden festgelegten Tätigkeitsbeschreibungen war, dass viele Fürsorger ihre eigenen Schwerpunkte setzen konnten, solange diese auf ihr Tätigkeitsfeld hin abgestimmt waren.

Ohne eine intensive Zusammenarbeit mit Ehrenamtlichen, auch ehrenamtlichen Caritashelfern, und deren hervorragenden Netzwerken, wäre ein Teil der Arbeit der Fürsorger nicht zu leisten gewesen. Diese Vernetzung innerhalb der Kirche war für die Dekanatsfürsorger in der Regel entscheidend, um überhaupt geeignete Hilfen und/oder Hilfestrukturen für Betroffene aufbauen und nutzen zu können. Nicht selten rekrutierten sich aus diesen Strukturen neue

---

151 Müller, Monika: *Von der Fürsorge in die Soziale Arbeit*, 82.

152 Der Pastoralreferent ist ein speziell für den kirchlichen Dienst ausgebildeter Mitarbeiter auf Gemeinde und Dekanatsebene. Er hat in der Regel ein abgeschlossenes Theologie-Studium, sowie eine pastorale (meist innerdiözesane) Ausbildung.

Bewerber für die Ausbildungen im innerkirchlichen Bereich – auch abseits des Fürsorgekontextes.

Katholische Fürsorge fand ausschließlich im Binnenraum der Kirche statt und wurde von den staatlichen Stellen unter der Bedingung geduldet, dass sie keinen Einfluss über den kirchlichen Kontext hinaus ausübte. Anders als u.a. bei Monika Müller dargestellt[153], war die kirchliche Fürsorge aber durchaus auch offen für Menschen, die nicht kirchlich gebunden waren. Da die entsprechenden Anlaufstellen aber weder auf sich hinweisen, noch Werbung machen durften (nicht einmal ein Schild an der Hauswand der kircheneigenen Gebäude), waren sie wenig bis gar nicht bekannt. So kamen nicht kirchlich gebundene Personen in der Regel auf Empfehlung von Bekannten. In seltenen Fällen schickten staatliche Fürsorgekollegen (zu denen in der Regel kein offizieller Kontakt bestand) einzelne Klienten zu kirchlichen Beratungsstellen, insbesondere dann, wenn es sich um Konfliktfelder handelte, die es entweder in der DDR nicht geben durfte (zum Beispiel Alkoholismus oder Arbeitslosigkeit) oder wenn es um sogenannte staatsgefährdende Inhalte ging (zum Beispiel Republikflucht oder das Stellen eines Ausreiseantrags) bzw. wenn vermutet wurde, dass sich durch das Bekanntwerden z.B. von Erziehungsschwierigkeiten massive und unnötige Konsequenzen für die Betroffenen hätten ergeben können. So schilderte eine unserer Befragten, dass sie eine katholische Mutter mit drei Kindern direkt an die Kirche verwiesen hätte und ihr geraten hätte, nie wieder zu kommen, weil die Kollegin ihrer Erfahrung nach davon ausgehen musste, dass dieser Mutter aufgrund ihrer Religionszugehörigkeit die Kinder direkt weggenommen worden wären.

So konnte die Kirche u.a. besondere Schutzräume schaffen für Menschen, die nicht normentsprechend produktiv waren und die deshalb Unterstützung, konkrete Hilfe, Pflege oder eine neue Unterbringung benötigten. Menschen, die in der DDR-Gesellschaft als randständig angesehen und stigmatisiert wurden, sich also mit tabuisierten Themen konfrontiert sahen, erhielten durch die kirchliche Fürsorge (menschenwürdige) Hilfe, die von staatlichen Stellen so nicht unbedingt zu erwarten gewesen wären: Menschen mit Alkoholismus, Haftentlassene, Suizidgefährdete, Obdachlose etc. In den meisten Fällen kannten sich die staatlichen und katholischen Fürsorger nicht, da eine Zusammenarbeit nicht gewünscht war. Zum Teil war die Existenz katholischer und evangelischer Fürsorge im staatlichen Kontext nicht einmal bekannt. Kooperationen gab es in der Regel nur mit anderen innerkirchlichen und evangelischen Fürsorgern und deren Einrichtungen. Darüber hinaus war die Zusammenarbeit mit staatlichen

---

153 Vgl. Müller, Monika: *Von der Fürsorge in die Soziale Arbeit*, 107.

Stellen oft schwierig und hing stark von den einzelnen Mitarbeitern in den Behörden und dem persönlichen Geschick der Fürsorger ab.

Der oben beschriebene Erlass des Bischofs, dass zu allen Fragen, die im weitesten Sinne als Stellungnahme der katholischen Kirche hätten gewertet werden können, alle Handlungen und Äußerungen von Seiten der Mitarbeiter zu unterlassen sind, galt auch für die kirchlichen Fürsorger. Diese Regelung schützte die Fürsorger in ihrer Arbeit gegenüber dem Staat, führte in Einzelfällen jedoch auch dazu, dass Tätigkeiten unterlassen oder verändert werden mussten. Einer unserer Befragten schilderte dazu als Beispiel: Es kam zu einer Beschwerde über einen Fürsorger im Dekanat X, der in der Haftentlassenenhilfe tätig war. Der Fürsorger durfte aufgrund der innerkirchlichen Regelung nicht selbst auf die Beschwerde reagieren. Damit kirchliche Fürsorgearbeit in diesem Gebiet weiterhin genehmigt würde, bedurfte es einer Einigung und deren strikter Einhaltung zwischen Kirchenleitung und Staat. Der Fürsorger musste ab diesem Zeitpunkt jeden Fall, bevor er überhaupt die Arbeit aufnehmen durfte, der Bezirksbehörde vorlegen und genehmigen lassen – so die Forderung des MfS. In der Praxis konnte dies bald wieder unterbleiben, da der zuständige Kollege in der Behörde dieses Vorgehen für unnötig befand. Viele der grundsätzlichen Vereinbarungen, die zwischen dem Staat und der Kirchenleitung getroffen wurden, gerade im sozial-karitativen Feld der Fürsorge, waren permanent gefährdet und bedurften, schon um Konfliktfelder zu minimieren, einer klaren Zuständigkeitshierarchie.

Zu diesen Absprachen gehört beispielsweise auch die 1961 nach langen Verhandlungen getroffene Einigung zwischen Staat und katholischer Kirche über die Höhe der Kostensätze im Bereich der Pflege (katholische Krankenhäuser, Altenheime, Behindertenhilfe etc.) und bei der Vergütung von Angestellten in diesen Einrichtungen. Obwohl die Einrichtungen damit immer noch strukturell unterfinanziert waren, da u.a. der Unterhalt der Gebäude nicht berücksichtigt wurde, agierte die Kirche vorsichtig in Konfliktsituationen, um ihre Position gegenüber dem Staat nicht grundsätzlich zu gefährden. „Soweit es die sozialen Einrichtungen betraf, [...] drohte die SED, diese zu schließen und kirchliche Bildungseinrichtungen zu enteignen, [wenn sich die Kirche nicht an bestimmte Auflagen oder Anforderungen halten würde] um zu Regelungen über die Betätigungsfelder der Kirchen und des Staates in der sozialen Arbeit und Fürsorge zu gelangen."[154]

Neben der Einbindung der Fürsorger in ihren Dekanaten und Gemeinden bemühten sich die Caritas und die Diözesen um eine stetige spirituelle, aber

---

154 Müller, Monika: *Von der Fürsorge in die Soziale Arbeit*, 85.

auch praktische Begleitung. Dazu gehörten Exerzitien und Besinnungstage, die einerseits gemeinschaftsstiftend sein sollten, aber auch zur persönlichen Stärkung in Glaubensfragen für die Fürsorger gedacht waren. Darüber hinaus fanden die zunächst halb – später jährlichen Fürsorgekonferenzen (zwei bis drei Tage) statt, in die zugleich Fort- und Weiterbildung integriert wurde. Ziel dieser Veranstaltungen war es, die fürsorgerische Arbeit effektiv zu koordinieren, aber auch zu reflektieren, um neue Impulse in die fürsorgerische Arbeit einpassen und weiterentwickeln zu können. Neben rechtlichen Neuerungen im DDR-System wurden für die Fort- und Weiterbildungsanteile immer Impulse von den Mitarbeitern aufgegriffen und entsprechende Fachleute (nicht selten aus Westberlin oder der Bundesrepublik) eingeladen, so dass auch in diesem Bereich eine Anknüpfung in der Weiterentwicklung der Fürsorge an die Soziale Arbeit in der Bundesrepublik sichergestellt werden konnte. Aus den Beschreibungen unserer Interviewpartner im kirchlichen Kontext ist zu entnehmen, dass es dabei häufig um Themen wie Gesprächsführung, Klientenorientierung, Ressourcenorientierung in der Arbeit, themenzentrierte Interaktion etc. ging. Durch diese themenzentrierte Auseinandersetzung sollte ein Austausch über die speziellen sozialen Problemlagen in den Schwerpunktarbeitsgebieten der Fürsorger ermöglicht werden.[155]

Die Notwendigkeit einer professionellen Reflexionsmöglichkeit als klassisches Alltagsinstrument der Fürsorge etablierte sich auch im innerkirchlichen Bereich nur langsam. Hauptschwierigkeit waren dabei die großen räumlichen Entfernungen zwischen den einzelnen Einsatzgebieten der Fürsorger. Sie hatten selten die Gelegenheit sich zu sehen, so dass, wenn möglich, sich die Kollegen jeweils vor Ort vertraute Personen aus dem innerkirchlichen (auch evangelischen) Bereich suchten, um sich bei Bedarf zumindest durch kollegiale Beratung Unterstützung zu organisieren. Leider konnten die in diesem Feld gewonnenen Erkenntnisse aus den Analysen zu den sozialen Problemlagen und mögliche Lösungsstrategien nicht als „positiver Output" in den gesamtgesellschaftlichen Diskurs eingebracht werden, sondern blieben ausschließlich im innerkirchlichen fachlichen Diskurs relevant. „Hilfeansätze, die mit einer kritischen Analyse gesellschaftlicher Ursachen der sozialen Problemlage einhergingen, konnten die Beziehungen der katholischen Kirche zur SED gefährden. […] Ein offener Diskurs über die gesellschaftlichen Ursachen von sozialen Problemen war also auch im Interesse eines spezifischen Klientels nicht möglich."[156]

---

155 Vgl. Müller, Monika: *Von der Fürsorge in die Soziale Arbeit*, 103.
156 Müller, Monika: *Von der Fürsorge in die Soziale Arbeit*, 103.

Es gehörte zwar nicht zum Berufsbild, wohl aber zum Berufsalltag der Fürsorger, dass sie nicht selten unter besonderer Beobachtung der Staatssicherheit
standen und dies auch in der Arbeit mit den Klienten berücksichtigen mussten. In keinem anderen Bereich im kirchlichen Dienst (zum Beispiel Kindergarten oder Jugendarbeit) war die DDR-Realität in der alltäglichen Arbeit mit
den Klienten so präsent wie bei den Fürsorgern. Nicht selten ergab sich daraus
eine große Diskrepanz zwischen dem, was die Klienten an Repressionen durch
den Staat erlebten und den begrenzten Hilfeangeboten durch die Fürsorger und
der scheinbaren innerkirchlichen „Heilen Welt", in der man sich mit schönen
und gemeinschaftsstiftenden Elementen, wie Gemeindefesten oder Jugendfrei-
zeiten beschäftigte. So formulierten Fürsorger zum Teil ihren Kollegen gegenüber durchaus: „Ihr kennt doch gar nicht die Welt! […] Ihr lebt doch unter dem
Schutzmantel der Kirche."[157]

---

157 Kroll, Silvia: *Kirchlich-caritative Ausbildung in der DDR*, 238.

5 Forschungsstand und Quellenlage

5.1 Stand der Forschung in Bezug auf den Forschungsgegenstand

Wie bereits oben beschrieben, existieren bisher sehr wenige Veröffentlichungen zum Berufsfeld der staatlichen und katholischen Fürsorge in der DDR. Diese Tatsache erschwert besonders das Nachvollziehen spezieller Lehr- und Praxisinhalte im Hinblick auf Beratung im Kontext der Fürsorge. In den Ausführungen von Roswitha Foerster „Zur Ausbildungssituation für Sozialarbeiter Ost" gibt es einige wenige Informationen zu den Inhalten der staatlichen Fürsorgeausbildung. Einzig für die Spezialausbildung zum katholischen Ehe-, Familien- und Lebensberater – die aber nicht exklusiv dem Fürsorgebereich zugeordnet werden kann – enthält das Buch „Dienst an der Liebe" von Martin Fischer eine umfangreiche Darstellung zum Selbstverständnis und zum theoretischen Hintergrund der Beratung im Rahmen der katholischen Kirche.

Im Rahmen der staatlichen Fürsorge wurden:

- Weltanschaulich-ethische Prinzipien (Grundlagen des Marxismus-Leninismus, Soziologie, Ethik),
- Sozialmedizinische Grundlagen (anatomisch-physiologische, pathologische Themen, Hygiene, Erste Hilfe etc.),
- Rechtliche Grundlagen (Sozialversicherungsrecht, Gesundheitsrecht, ausgewählte Themen des Arbeitsrechts, Familienrecht) und
- spezifisches Fachwissen für den jeweiligen Fürsorgebereich vermittelt.

Zu diesem spezifischen Fachwissen gehörte auch die Vermittlung „der unterschiedlichen Verfahrensweisen in der Klientenbetreuung. [...] So wurden Grundlagen fürsorgerischer Arbeit in den Teilgebieten Verhaltenstraining und Gesprächsführung vermittelt. [...] In [diesen] Lehrgebieten [...] wurden zwar Grundverhaltensweisen des Fürsorgers trainiert, doch blieb Fürsorge in ihrer praktischen Vorgehensweise oft noch intuitiv."[158] Welche Vorgehensweise trainiert wurde und welche theoretischen Konzepte in diesem Kontext vermittelt

---

158 Foerster, Roswitha: *Zur Ausbildungssituation für Sozialarbeiter Ost.* In: Mülfeld, Claus; Oppl, Hubert; Weber-Falkensammer, Hartmut; Wendt, Wolf Rainer: *Soziale Arbeit deutsch – deutsch, Brennpunkte sozialer Arbeit.* Schriftenreihe für Studierende, Lehrende und Praktiker, Neuwied 1991, 19–20.

wurden, geht aus den Ausführungen leider nicht hervor. So entsteht der Eindruck, dass in erster Linie formale Vorgehensweisen und weniger die praktische Gesprächsführung und die Gestaltung einer Gesprächssituation Gegenstand der Ausbildung war. Interessant ist dabei, dass der Bereich der Gesprächsführung zwar explizit benannt wird, aber nur von Klientenbetreuung und nicht von einer Klientenberatung die Rede ist.

Im kirchlichen Fürsorgekontext lässt sich anhand der bei Silvia Kroll aufgeschlüsselten Lehrinhalte erkennen, dass es im Lernbereich Sechs unter „Handlungskonzept und Handlungsmethode" das Stichwort „Methodenlehre der Sozialen Einzelfallhilfe"[159] gibt. In der Übersicht zum Ablaufplan des Kurses XIII vom 04.04.1988 bis 20.07.1990 werden unter anderem als Inhalt für den Fachbereich „Sozialarbeit" Themenfelder wie (allgemeine) Einführung in Kommunikation; Analysen von Entstehungsbedingungen heutiger sozialer Probleme; Aufbau helfender Beziehungen (Kontakt); Gesprächsführung (Abgrenzung verschiedener Formen von helfenden Gesprächen); Familienarbeit, Ehe- und Lebensberatung benannt.[160] Kroll weist aber im Folgenden ausdrücklich darauf hin, dass es bei der Vermittlung dieser Inhalte anscheinend nicht (oder zumindest nicht in erster Linie) darum ging, Lehrinhalte aus der empirischen Sozialforschung zu vermitteln, sondern die Praxisorientierung dabei im Vordergrund stand. Da es aber wenige konkrete Ausführungen gibt, was im Rahmen der Ausbildung besprochen und gelehrt wurde, ist es aus der Literatur kaum nachzuvollziehen, welche Methoden, Konzepte und Techniken den werdenden Fürsorgern dabei vermittelt wurden.

Anhand der Ausführungen der Befragten und einigen wenigen Textquellen lassen sich aber folgende Themenfelder vermuten, die offenbar im Rahmen der Fürsorgeausbildung Gegenstand der Auseinandersetzung gewesen sein müssen. Dazu gehören: Grundlegende Kommunikationstheorien (zum Beispiel nach Carl Rogers und Schulz von Thun), verschiedene Theorien zur Arbeit mit Gruppen (exemplarisch Themenzentrierte Interaktion TZI nach Ruth Cohn) und eine intensive Auseinandersetzung mit der professionellen Einzelfallarbeit, die bereits ausbildungsbegleitend angeleitet, erprobt und intensiv reflektiert wurde (alle Auszubildenden betreuten neben der Ausbildung hilfebedürftige Klienten über einen längeren Zeitraum).

---

159 Kroll, Silvia: *Kirchlich-caritative Ausbildung in der DDR*, 436.
160 Vgl. Kroll, Silvia: *Kirchlich-caritative Ausbildung in der DDR*, 439–441. Kroll zitiert nach: *Ablaufplan für Fürsorgekurs Magdeburg vom 4.4.1988 bis 20.7.1990*. In: Archiv KFB, Akte Fürsorgerseminar, Ordner Lehrpläne und Stoffverteilungspläne.

Im Hinblick auf die Beratungssituation, den Beratungsansatz und das Selbstverständnis wurde von den Befragten im kirchlichen Dienst beschrieben, dass es vom Arbeitgeber her die Erwartung gab, dass die Fürsorger qualitativ gut beraten. Dies sollte im Sinne eines nicht-direktiven Gesprächs geschehen, in dem gemeinsam mit den Klienten nach einem realistischen Lösungsweg für ihre Situation gesucht wird. Um das gewährleisten zu können, wurde für eine vertrauensvolle Umgebung gesorgt, die den Klienten neben Vertraulichkeit und Anonymität eine würde- und respektvolle Beratung gewährleisten sollte. Damit hatten die Fürsorger im kirchlichen Kontext ein „Einfachmandat", das heißt, sie waren nur ihren Klienten verpflichtet. Allerdings war durch ihr mangelndes staatliches Mandat ihre Wirkmächtigkeit, für die Klienten positive Veränderungen zu initiieren, nach eigenen Aussagen zumindest in bestimmten Teilbereichen beschränkt, wenngleich sie dafür in anderen Bereichen deutlich freier agieren konnten als ihre Kollegen im staatlichen Dienst. Anders als im staatlichen Kontext war der Auftrag der katholischen Fürsorger, die Menschen nicht nur wieder „funktionsfähig" für die Anpassung in das Kollektiv zu machen, sondern es ging darum, ihnen Wege aufzuzeigen, wie sie trotz bestimmter Einschränkungen durch das System ein selbstbestimmtes Leben führen können, ohne permanent in Konflikt mit dem System zu geraten. Es ging um praktische und nachhaltige Lebensbefähigung durch die Aktivierung der eigenen Fähigkeiten und Ressourcen.

Einzig im oben genannten Bereich der katholischen Ehe-, Familien- und Lebensberatung wird direkt von Beratung gesprochen, mit einem bestimmten professionellen Selbstverständnis und einer entsprechenden theoretischen Grundlage. Obwohl die Zahl der Absolventen zahlenmäßig relativ überschaubar war (insgesamt 180 Personen), ist es doch erstaunlich, wie groß offenbar der Einfluss dieser Beraterausbildung im kirchlichen Binnenraum gewesen sein muss. Nicht selten nehmen Mitarbeiter im kirchlichen Dienst noch heute Bezug auf diese Zusatzausbildung, von der sie nach eigenen Aussagen selbst dann profitierten, wenn sie nicht selbst daran teilnahmen. In der Regel wurden sie dann von Kollegen, die diesen Kurs besucht hatten, entsprechend in Kenntnis gesetzt und auf Wunsch angeleitet.

Die ersten Anfänge gehen bereits auf die 1950er Jahre zurück, in denen im Bereich der Jugend- und Erwachsenenbildung vereinzelt Sprechstunden zur katholischen Eheberatung angeboten wurden. Diese Angebote hingen von der Initiative einzelner Personen ab und waren noch in keiner Weise strukturell in der katholischen Kirche verankert. Allmählich kristallisierte sich aber ein deutlicher Bedarf an katholischer Ehe-, Familien- und Lebensberatung heraus, auf den die Berliner Bischofskonferenz 1966 mit ihrem Beschluss reagierte, derartige

Beratungsangebote und die Berater selbst zukünftig stärker professionalisieren und institutionalisieren zu wollen.[161] So wurde mit der Unterstützung westdeutscher Kollegen und Fachkräfte mit der Konzipierung und Durchführung dieser kirchlichen Beraterausbildung begonnen. „Bereits mit Beginn des ersten Ausbildungskurses für katholische Eheberater in der DDR war eine Bindung an die westdeutschen Ausbildungseinrichtungen unumgänglich. Dieser Zusammenhalt brachte den Lehrgängen in Ost-Berlin kontinuierlich hochkarätige Fachreferenten.“[162]

Im Laufe der Jahre erfolgte eine beständige inhaltliche Anpassung und fachliche Erweiterung, orientiert an den westdeutschen Standards. Ab dem vierten Ausbildungskurs – insgesamt gab es sechs Kurse – erhielten die Teilnehmer ein Diplom, das sie innerhalb der Kirche als eigene voll anerkannte Berufsgruppe einstufte, was nach der friedlichen Revolution problemlos staatlich anerkannt wurde.[163] Die Kosten für die Ausbildung trug ohne Eigenbeteiligung der Kursteilnehmer die katholische Kirche. Um auch nach der Ausbildung das fachliche Niveau halten bzw. weiter ausbauen zu können, waren die Teilnehmer verpflichtet, die zweimal jährlich stattfindenden themenorientierten Weiterbildungen wahrzunehmen. Zusätzlich wurde eine berufsbegleitende Supervision zur kritischen Reflexion der eigenen Arbeit etabliert. Für die Zulassung zur Beraterausbildung erfolgte ein mehrtägiges Auswahlverfahren, in dem überprüft werden sollte, ob die Bewerber den Anforderungen und auch der zu erwartenden, nicht unerheblichen psychischen Belastung gewachsen seien. Aus dem Curriculum[164] von 1979 ist zu entnehmen, dass zu den Ausbildungsinhalten Theologie, Psychologie, Medizin (einschl. Psychiatrie), Soziologie, Recht und Organisation gehörten. Hauptschwerpunkt lag auf der Verknüpfung von Theorie und Praxis, einschließlich Training, Fallbesprechung und Supervision. Es wurde im Sinne eines „integrativen Ansatzes“ ein Methodenmix von verschiedenen Beratungsansätzen und Gesprächsführungskonzepten vermittelt und eingeübt. Einen besonderen Schwerpunkt nahm dabei der psychoanalytische Ansatz – mit einem hohen Selbsterfahrungsanteil – ein. „Mit einem interdisziplinären Ansatz, insbesondere mit Methoden der Psychologie und der psychoanalytisch gestützten Gesprächstherapie, schuf die katholische Ehe-, Familien- und Lebensberatung

161 Vgl. Fischer, Martin: *Dienst an der Liebe. Die katholische Ehe-, Familien- und Lebensberatung in der DDR*, Würzburg 2014, 162.
162 Fischer, Martin: *Dienst an der Liebe*, 346.
163 Vgl. Fischer, Martin: *Dienst an der Liebe*, 172.
164 Vgl. Fischer, Martin: *Dienst an der Liebe*, 196–197.

einen bis dato seelsorglich neuen Ansatz."[165] Abgeschlossen wurde diese Ausbildung mit einer umfangreichen Prüfung, zu der auch eine individuelle Fallarbeit gehörte.

Die Caritasstellen und Seelsorgeämter wurden damit beauftragt, Ehe-, Familien- und Lebensberatungsstellen einzurichten und deren „Betrieb" zu organisieren. Die Mindestanforderungen waren: Die Bereitstellung eines geeigneten Raumes (in der Regel in den Räumen einer Gemeinde oder dem Caritassekretariat), der während der Beratung eine ungestörte Atmosphäre sicherstellte und ansprechend ausgestattet war. Außerdem gehörte zu ihren Aufgaben die Rekrutierung von Bewerbern für weitere Kurse der Beraterausbildung. „Das Seelsorgeamt soll für die Gewinnung und Anleitung von ständigen Eheberatern sorgen. Um möglichst vielseitig Hilfe leisten zu können, sollten Theologen, Psychologen, Pädagogen, Ärzte (Psychiater, Gynäkologen), ferner Rechtsberater, Fürsorger bzw. Personen oder Ehepartner mit entsprechender Erfahrung und Vorbildung zur Verfügung stehen und den Pfarrgemeinden genannt werden."[166] Die ausgebildeten Berater waren in der Regel nach ihrem Kurs ehrenamtlich oder ergänzend zu ihrer „eigentlichen" innerkirchlichen Tätigkeit in der Ehe-, Familien- und Lebensberatung tätig.

Wie die Berufsbezeichnung schon sagt, war die Hauptaufgabe dieser Beratungsstellen, die Menschen in allen Fragen von Ehe, Familie und der eigenen Lebenslage offen und fachkompetent zu beraten. Dieser Beratungsdienst wurde als besonderer Ausdruck des Liebesdienstes – gelebte Diakonia – der katholischen Kirche an ihrem Nächsten verstanden.[167] „Als diakonischer Beratungsdienst verstanden, eröffnete sich so auch ein neuer Blick auf die Kirche. Eine Kirche, die trotz des sozialistischen Umfelds sich nicht einigelte, sondern tatsächlich offen für alle war. Dies war das Herausragende der katholischen Ehe-, Familien- und Lebensberatung in der DDR: Die katholische Kirche bot hiermit einen seelsorgerischen Dienst an, der offen für alle gesellschaftlichen Gruppen des sozialistischen Staates war."[168] Gegenstand der Beratung war das offene Gespräch, ohne Drohungen, ohne Zwangs- und Disziplinierungsmaßnahmen. Diese Beratungsform wollte und sollte in erster Linie trösten, begleiten, stabilisieren und befähigen. Dafür bildete das christliche Menschenbild die ethische

---

165 Fischer, Martin: *Dienst an der Liebe*, 348.
166 Berliner Bischofskonferenz (Hrsg.): *Konzil und Diaspora. Die Beschlüsse der Pastoralsynode der katholischen Kirche in der DDR*, Leipzig 1988, 212.
167 Vgl. Fischer, Martin: *Dienst an der Liebe*, 248.
168 Fischer, Martin: *Dienst an der Liebe*, 248.

Handlungsgrundlage. Jeder Mensch ist, gleich welchen Geschlechts, Glaubens oder Herkunft, Ebenbild Gottes und hat somit eine unveräußerliche Würde, die es zu schützen und zu bewahren gilt. Somit entsprach dem beruflichen Selbstverständnis der Berater im kirchlichen Dienst: „Die ethischen Forderungen der heiligen Schrift stehen im Horizont der Verheißung und der Zusage der Gottesherrschaft und Nähe Gottes. Es ist Gottes barmherzige Zuwendung, welche dem Menschen auch die Kraft gibt, ethisch zu handeln. Diesen Raum der bedingungslosen Annahme bildet die Beratungssituation, natürlich in den Grenzen menschlicher Begegnung, in einem gewissen Sinne nach. Sie macht in diesem Sinne den Raum der Gnade Gottes für den Klienten in einer bruchstückhaften Weise konkret und erfahrbar. Das tiefe Verständnis christlicher Freiheit wird so in die alltägliche Erfahrungswelt der Menschen hinein übersetzt."[169]

5.2 Zeitzeugenarbeit

Wie oben erwähnt ist die Befragung von Zeitzeugen als Expertinnen und Experten in ihrem Gebiet eine der Erhebungsgrundlagen dieser Arbeit.

Zeitzeugen sind Personen, die eine Entwicklung, einen Vorgang oder ein Ereignis in der Vergangenheit bewusst selbst erlebt haben. Dabei können sie aktiv Beteiligte oder Betroffene sein und müssen in dieser Zeit keine besondere Stellung bekleidet haben. Das Zeitzeugeninterview ist eine geplante Befragung, keine spontane Unterhaltung. Es werden zwei Formen von Zeitzeugeninterviews unterschieden, zum einen das thematische Interview, in dem die Zeitzeugen zu bestimmten, zeitlich begrenzten Sachverhalten befragt werden und zum anderen das biografische Interview, bei dem Zeitzeugen ihre Lebensgeschichte oder Teile daraus erzählen. Zeitzeugeninterviews sind historische Quellen, die unter ganz bestimmten Aspekten ausgewertet werden müssen. In diesen Interviews geht es vorrangig darum, zu erfahren, wie sich aus heutiger Sicht ein Mensch an zurückliegende Ereignisse erinnert und wie er diese bewertet. Durch Zeitzeugeninterviews wird Geschichte direkt erfahrbar und lebendig. Sie sind eine hervorragende Ergänzung zu anderen Quellen, so überhaupt welche vorhanden sind. Dieser persönliche Zugang ermöglicht es, verschiedene Perspektiven kennenzulernen und miteinander ins Verhältnis zu setzen. Durch Zeitzeugeninterviews

---

169 Fischer, Martin: *Dienst an der Liebe*, 250–251.

werden neue historische Quellen produziert, somit indirekt selbst „Geschichte"
geschrieben.[170]

Die Arbeit mit DDR-Zeitzeugen birgt Chancen und Risiken in der Geschichtsvermittlung und ist nicht unumstritten. Zeitzeugen wissen im Gegensatz zu
Tatzeugen, wie die Geschichte ausgegangen ist und das kann ihren erkenntnistheoretischen Standpunkt verändern. Auch die Zeitzeugen betrachten die Ereignisse aus der Sicht von heute. Sie könnten befangen sein, weil sie eine eigene
Geschichte im Kontext des Erinnerten haben. Die Quelle stammt bei der Zeitzeugenschaft grundsätzlich aus der Vergangenheit, die Interpretation jedoch aus
der Gegenwart. Hier besteht die Gefahr einer Vermischung erkenntnistheoretischer Positionen, was für das historische Lernen schädlich sein kann. Christoph
Hamann[171] vom Landesinstitut für Schule und Medien Berlin-Brandenburg forderte deshalb ein quellenkritisches Vorgehen. Für die Historiker ist das Problem
mit Zeitzeugen nicht neu. Die Psychologie weiß bereits seit Längerem, dass der
Mensch Erinnertes fortlaufend verändert. Die Methode wird in der Geschichtswissenschaft als „Oral History" bezeichnet und quellentechnisch genauso kritisch betrachtet wie Autobiografien.[172]

Im Rahmen der Zeitzeugenforschung müssen Deckerinnerungen, die nach
Freud ihren Gedächtniswert nicht durch ihren eigenen Inhalt, sondern durch
ihre Beziehung zu einem anderen unterdrückten Inhalt erhalten, gerade in der
Auswertung und Bewertung berücksichtigt werden. Damit die Befragten mit
ihren eigenen inneren Widerständen und Widersprüchen sinnvoll umgehen
können, erfolgt im Prinzip eine klassische Rationalisierung der Erinnerungen.
Rationalisierung meint den „Versuch, sich einzureden, dass das eigene Verhalten
verstandesgemäß begründet und so vor sich selbst und vor anderen gerechtfertigt ist."[173] Das bedeutet im Kontext von Forschung, dass Erinnerungen verblassen, verschwimmen, gar gegensätzlich sein können. Um Fehler zu vermeiden,
sollten sich die Forschenden dessen bewusst sein.

---

170 Vgl. Bildungsserver Berlin/Brandenburg: *Zeitzeugen und Interviews-zur Methode*,
    Jahr ohne Angaben, 1–2. In: https://bildungsserver.berlin-brandenburg.de/fileadmin/
    havemann/docs/material/6_M.pdf, abgerufen am 20.06.20.
171 Vgl. Artikel: Kixmüller, Jan: *Authentizität unter Tränen*, Tagesspiegel Potsdamer
    neuste Nachrichten, 20.03.13. In: http://www.pnn.de/campus/725782/, abgerufen
    am 10.05.20. Kixmüller zitiert Hamann, Christoph.
172 Vgl. Artikel: Kixmüller, Jan: *Authentizität unter Tränen*, Tagesspiegel Potsdamer
    neuste Nachrichten, 20.03.13.
173 Zimbardo, Philip G.: *Psychologie*, Berlin Heidelberg 1995, 488.

In diesem Kontext lassen sich auch die sogenannten Identitätskonstruktionen der Ostdeutschen nach Martin Sabrow einordnen. Er zeigt in seinen Ausführungen drei „Erinnerungslandschaften" auf und unterscheidet das „staatlich privilegierte Diktaturgedächtnis", das „Arrangementgedächtnis" und das „Fortschrittsgedächtnis".[174] Sahen sich 1990 noch 32 Prozent der DDR-Bürger als Ostdeutsche und 61 Prozent als Deutsche – die Sonder-Identität „ostdeutsch" schien sich aufzulösen, drehte sich dieses Verhältnis zwei Jahre später fast um. 60 Prozent fühlten sich als Ostdeutsche und 35 Prozent als Deutsche. Dieses Verhältnis ist seither etwa so geblieben.[175] Die ostdeutsche Identität hat verschiedene Quellen. Die Menschen aus Ostdeutschland nahmen erst nach der friedlichen Revolution und im Kontakt zu den Westdeutschen ihre DDR-Sozialisation und ihre speziellen Maßstäbe bei der Bewertung gesellschaftlicher Realitäten wahr. Weiterhin reproduziert sich ostdeutsche Identität aufgrund der Erfahrung der materiellen und insbesondere der symbolischen Schlechterstellung der Ostdeutschen.[176]

---

174 Goudin-Steinmann, Elisa/Hähnel-Mesnard, Carola: *Erinnerung, Narration und Identität: das kulturelle Gedächtnis der Ostdeutschen*. In: Goudin-Steinmann, Elisa/ Hähnel-Mesnard, Carola (Hrsg.): *Ostdeutsche Erinnerungsdiskurse nach 1989 – Narrative kultureller Identität*, Berlin 2013, 14. Die Autoren beziehen sich auf: Sabrow, Martin: *Erinnerungsorte der DDR*, München 2009.
175 Vgl. Ahbe, Thomas: *Die ostdeutsche Erinnerung als Eisberg. Soziologisches und diskursanalytische Befunde nach 20 Jahren staatlicher Einheit*. In: Goudin-Steinmann, Elisa/ Hähnel-Mesnard, Carola (Hrsg.): *Ostdeutsche Erinnerungsdiskurse nach 1989*, 27.
176 Vgl. Ahbe, Thomas: *Die ostdeutsche Erinnerung als Eisberg. Soziologisches und diskursanalytische Befunde nach 20 Jahren staatlicher Einheit.*, 28.

6 Darstellung und Reflexion der Forschungsgrundlage

Hauptgegenstand dieser Arbeit ist die Forschungsfrage: Gab es in der DDR in den Bereichen der staatlichen Jugendfürsorge und katholischen Fürsorge professionelle Beratung? Als Vergleichspunkt diente das aktuelle Verständnis von Beratung im Rahmen von Sozialer Arbeit. Ausgehend von dieser grundlegenden Fragestellung ergaben sich folgende weitere Fragen: Welchen Anteil hatte die beratende Tätigkeit im beruflichen Alltag der Fürsorge? Wenn es professionelle fürsorgerische Beratung gab, in welcher Art und in welcher Form fand diese statt? Lassen sich Unterschiede zwischen dem staatlichen und dem katholischen Bereich erkennen? War das Thema „Beratung" Gegenstand der Fürsorgeausbildung? Spielte das Thema Macht eine Rolle in dem Kontext? Gab es professionelle Reflexion in Bezug auf die beratende Tätigkeit? Welche Rolle spielten die eigene Haltung und die äußeren Erwartungen?

Das Ziel dieser Forschung ist es, neues Wissen durch die (noch) zur Verfügung stehenden Experten zu generieren, das sich bisher nicht oder nur bedingt aus der einschlägigen Literatur erschließen lässt.

Anhand der vorangegangenen Literaturrecherche und erster Experteninterviews im Vorfeld lässt sich klar feststellen, dass die Entwicklung professioneller Beratung im Kontext der Sozialen Arbeit in der Bundesrepublik und dem Fürsorgekontext in der DDR nur schwer miteinander vergleichbar sind. Während sich in der Bundesrepublik Beratungskonzepte, professionelle Handlungsstrategien und Qualitätsstandards etablierten und nachweislich zum Ausbildungsinhalt der Sozialen Arbeit wurden, kann eine solche inhaltliche Auseinandersetzung und Etablierung im Bereich der staatlichen Fürsorgeausbildung für die DDR in der einschlägigen Literatur nicht nachvollzogen werden. Einzig im kirchlichen Fürsorgekontext lässt sich eine Tendenz zur Professionalisierung im Beratungskontext (vergleichbar mit der Entwicklung in der Bundesrepublik) vorsichtig rekonstruieren.[177]

An diesem Punkt setzt diese Arbeit an und versteht sich als Anfangspunkt einer wissenschaftlichen Auseinandersetzung mit dem Thema professioneller

---

[177] Im Folgenden wird auch hier nur Bezug auf die katholische Fürsorgeperspektive genommen, da alles weitere (Fürsorge im evangelischen Bereich) den Rahmen dieser Arbeit überschreiten würde.

Beratung im Fürsorgekontext der DDR. Es geht dabei um eine Momentaufnahme als Zustands- und Prozessanalyse zum Zeitpunkt der Forschung, mit deren Hilfe eine Rekonstruktion von (damaligem) handlungsorientiertem Wissen von Experten möglich wird.[178]

Um die Gütekriterien einer qualitativen Praxisforschung erfüllen zu können, erfolgte eine Triangulation (ein multimethodischer Ansatz) auf mehreren Ebenen.[179] Es gab eine Quellen- und Methodentriangulation[180] durch die Befragung unterschiedlicher Personen aus drei verschiedenen Fürsorgebereichen und die vergleichende Datenanalyse aus der Literatur. Diese Kombination ermöglichte die Gewinnung von belastbaren Erkenntnissen aus dem Literaturstudium, den Experteninterviews und den Beobachtungen in den Gesprächen (die jeweils direkt nach dem Gespräch in einem Postskriptum schriftlich festgehalten wurden). Zum anderen gab es eine Forschertriangulation durch die gemeinsame Planung, Durchführung und Auswertung des Projektes.

6.1 Methode der Datenerhebung

Zur Erhebung der Daten wurde eine nicht repräsentative, qualitative Untersuchungsform gewählt. Die qualitative Ausrichtung ermöglicht die Generierung neuer Wissenserkenntnisse und ist nicht auf das Testen von bereits bestehenden Hypothesen ausgerichtet. Neben einem vergleichenden Literaturstudium besteht die hauptsächliche Forschungsaktivität in der Durchführung und Auswertung von offenen, leitfadengestützten Experteninterviews nach Jochen Glaser und Grit Laudel[181] mit narrativen Elementen auf der Auswertungsgrundlage der Grounded Theory. „[…] das Experteninterview [ermöglicht] eine konkurrenzlose dichte Datengewinnung gegenüber Erhebungsformen, wie etwa teilnehmender Beobachtung oder systematischen quantitativen Untersuchungen, die in der Organisation von Feldzugang und Durchführung zeitlich und ökonomisch weit aufwändiger sind. Die Durchführung von Experteninterviews kann

---

178 Vgl. Meuser, Michael und Nagel, Ulrike: *Experteninterviews und der Wandel der Wissensproduktion*. In: Bogner, Alexander; Littig, Beate; Menz, Wolfgang (Hrsg.): *Experteninterviews – Theorie, Methoden, Anwendungsfelder*, Wiesbaden 2009, 49–51.

179 Vgl. Van der Donk, Cyrilla; van Lanen, Bas; Wright, Michael T.: *Praxisforschung im Sozial- und Gesundheitswesen*, Bern 2014, 48.

180 Vgl. Van der Donk, Cyrilla; van Lanen, Bas; Wright, Michael T.: *Praxisforschung im Sozial- und Gesundheitswesen*, 48–50.

181 Vgl. Glaser, Jochen; Laudel, Grit: *Experteninterviews und qualitative Inhaltsanalyse als Instrumente rekonstruierender Untersuchungen*, Wiesbaden 2009, 41–42.

zur Abkürzung aufwändiger Erhebungsprozesse dienen, wenn die Experten als ‚Kristallisationspunkte' praktischen Insiderwissens betrachtet werden."[182]

Die offenen Experteninterviews waren dadurch gekennzeichnet, dass die im Gesprächsleitfaden vorgesehenen Fragen keine vorher festgelegten Antwortmöglichkeiten beinhalteten und im genauen Wortlaut, sowie der Reihenfolge nicht streng bindend waren. Das Umstellen, Vorziehen, Ausweiten/Ergänzen oder spätere Einfügen einer Frage während des Interviews war somit möglich. Der Leitfaden diente als Orientierung während der Gesprächsführung, insbesondere zur Strukturierung in schwierigen Gesprächssituationen, und ermöglichte gleichzeitig eine Vergleichbarkeit für die belastbare Datenauswertung. Die vorgesehene Variabilität erforderte von den Befragenden ein hohes Maß an Konzentration und Flexibilität, um den Überblick zu behalten und gegebenenfalls entsprechend nachsteuern zu können.

Gleichzeitig signalisierte das Vorgehen den Interviewpartnern, dass die Interviewerinnen selbst Expertinnen auf dem Gebiet und ebenbürtige und kompetente Gesprächspartner sind. Wolfgang Menz und Alexander Bogner weisen darauf hin: „Auf einen Leitfaden und damit auf jegliche thematische Vorstrukturierung zu verzichten, wie dies für narrative Interviews kennzeichnend und sinnvoll ist, brächte zum einen die Gefahr mit sich, sich dem Experten als inkompetenter Gesprächspartner darzustellen. Zum anderen führt ein Verzicht hierauf methodisch in die falsche Richtung, steht doch nicht die Biographie des jeweiligen Experten im Fokus, sondern die auf einen bestimmten Funktionskontext bezogenen Strategien des Handelns und Kriterien des Entscheidens."[183]

Der bereits erstellte Interviewleitfaden für die im Vorfeld durchgeführten Experteninterviews bildete die Grundlage des aktuellen Interviewleitfadens dieser Arbeit und diente gleichzeitig als PreTest. Dies gab Aufschluss darüber, ob der Aufbau der Interviews zielorientiert und im Sinne der zu erhebenden Forschungsfrage und des Zieles verständlich formuliert war. Auf dieser Grundlage erfolgte eine Reduzierung und Überarbeitung der Interviewfragen im Hinblick auf die Fokussierung des Themas auf professionelle fürsorgerische Beratung. Dieser Kausalitätsbezug stand auch im Sinne der von Glaser und Anselm Strauss

---

182 Bogner, Alexander; Littig, Beate, Menz; Wolfgang: *Experteninterviews in der qualitativen Sozialforschung – Zur Einführung in eine sich intensivierende Methodendebatte.* In: Bogner, Alexander; Littig, Beate, Menz; Wolfgang (Hrsg.): *Experteninterviews*, 8.

183 Meuser, Michael und Nagel, Ulrike: *Experteninterviews und der Wandel der Wissensproduktion.* In: Bogner, Alexander; Littig, Beate, Menz; Wolfgang (Hrsg.): *Experteninterviews*, 52.

postulierten Verzahnung von Datenerhebung und Datenauswertung.[184] In der Durchführung zeigte sich, dass die Art der Fragestellung die Befragten zum Erzählen motivierte – inklusive vieler beispielhafter Beschreibungen – aber trotzdem Zeit für Zwischenfragen ließ. Auch der inhaltliche Aufbau erwies sich in der Praxis als sinnvoll. Vereinzelt wurden die Fragen sehr umfangreich beantwortet, so dass deutlich mehr Informationen als erwartet generiert werden konnten, was die Auswertung erschwerte. Der Ansatz der Grounded Theory ermöglicht es, den Fragebogen während des gesamten Forschungsprozesses anzupassen, zu erweitern und damit den aktuellsten Erkenntnisstand einfließen zu lassen. So wurde zum Beispiel die Frage zur Geschlechterverteilung in der Ausbildung erst später eingefügt. Insgesamt war der Fragebogen sehr umfangreich, was die Ermittlung einer breiten Datengrundlage ermöglichte, bei gleichzeitig positiver Würdigung der Arbeitsleistung der Befragten. Viele der Befragten meldeten von sich aus zurück, dass sie den Eindruck hätten, dass alles Wesentliche zum Thema gesagt worden wäre. Insbesondere die Abschlussfrage bot den Befragten die Möglichkeit, selbst ein (zum Teil sehr) persönliches Fazit zu ziehen.

Das persönliche Gespräch als Art der Kommunikation und Befragungsgrundlage, ermöglichte den Forschenden einen konstruktiven und direkten Austausch mit den Befragten. Diese Form gestattete unter anderem einen unkomplizierten Umgang mit Rückfragen, wenn zum Beispiel Formulierungen oder einzelne Begriffe zunächst nicht verstanden oder eingeordnet werden konnten.

Nach Bogner und Menz verfügen die Experten über technisches, Prozess- und Deutungswissen, in dem spezifischen und professionellen/beruflichen Handlungsfeld. Somit werden die befragten Experten zu den entscheidenden Informationsquellen für die Forscher. „Experten haben die Funktion einer Informationsquelle in Hinblick auf die Rekonstruktion von Abläufen und sozialen Situationen: ‚Experten sind Menschen, die ein besonderes Wissen über soziale Sachverhalte besitzen, und Experteninterviews sind eine Methode, dieses Wissen zu erschließen.' […] Nicht die Experten selbst sind aus dieser methodologischen Perspektive die Gegenstände der Untersuchung, diese fungieren viel mehr als Informanten in Bezug auf die eigentlichen Forschungsobjekte."[185] Im

---

184 Vgl. Glaser, Jochen; Strauss, Anselm: *The Discovery of Grounded Theory, Stategien für Qualitative Forschung*, Chicago 1967, 60.

185 Bogner, Alexander; Littig, Beate; Menz, Wolfgang: *Das theoriegenerierende Experten-interview* – Erkenntnisinteresse, Wissensformen, Interaktionen. In: Bogner, Alexander; Littig, Beate; Menz, Wolfgang (Hrsg.): *Experteninterviews*, 65.

Vordergrund steht damit die Erschließung von Daten, die eine thematische Vergleichbarkeit herstellen sollen.

Dennoch waren in den Experteninterviews einzelne narrative (biografisch erzählende) Passagen durchaus gewollt. Diese biografischen Aspekte halfen, fachliche Inhalte im Gesamtkontext besser einordnen zu können. „Diese [narrativen Inhalte] erweisen sich, wenn der Inhalt der Erzählung eine Episode aus dem beruflichen Handlungsfeld ist, als Schlüsselstellen für die Rekonstruktion von handlungsleitenden Orientierungen. Methodisch gewendet heißt dies, durch die Interviewführung die Narration herausfordern. Erzählungen geben Aufschluss über Aspekte des Expertenhandelns, die dem Experten selbst nicht voll bewusst sind, die ihm vielmehr erst im Laufe der Erzählung Schritt für Schritt bewusst werden.“[186] Das Sampling, also die Auswahl der zu untersuchenden Fälle aus der Grundgesamtheit, wurde im Vorfeld festgelegt. Das zentrale Auswahlkriterium war eine in der DDR absolvierte Fürsorgeausbildung in den Tätigkeitsfeldern der staatlichen Jugendfürsorge oder in der katholischen Fürsorge und praktische Berufserfahrung im entsprechenden Bereich.

Der Feldzugang ergab sich durch die berufliche Nähe der Forschenden zum Forschungsfeld. Die Kontaktaufnahme erfolgte persönlich per Telefon beziehungsweise E-Mail, in der zunächst das Anliegen geschildert wurde. Alle Angesprochenen bekundeten großes Interesse und verwiesen in der Regel auf weitere Kontaktpersonen, die als potenzielle Gesprächspartner in Frage kämen. Auf der Basis absoluter Freiwilligkeit erfolgte mit sechs Personen, davon drei aus dem staatlichen und drei aus dem katholischen Kontext, eine zeitnahe Terminvereinbarung für ein Einzelinterview. Eine umfangreichere Stichprobe war aus zeitlich-organisatorischen Gründen zum Zeitpunkt der Forschung nicht möglich. Zum Teil standen potenzielle Gesprächspartner auch erst nach dem Befragungszeitraum zur Verfügung. Die Vernetzung unter den Experten war in diesem Zusammenhang sehr hilfreich, da es keine institutionellen Kontaktstellen gab, über die eine flächendeckende Kontaktaufnahme zu den gesuchten Experten zeitnahe hätte geschehen können. Innerhalb des Netzwerks erzeugte die Nachfrage eine Art Kettenreaktion, so dass deutlich mehr Gesprächspartner bereitwillig zur Verfügung standen als erwartet.[187]

---

186 Halbmayer, Ernst, Salat, Jana: *Qualitative Methoden der Kultur- und Sozialanthropologie*. 2011. In: http://www.univie.ac.at/ksa/elearning/cp/qualitative/qualitative-8.html, abgerufen am 28.01.16.

187 Diese Bereitschaft sollte für weitere Studien zu dem Themenbereich genutzt werden.

Bogner und Menz bestätigen in ihren Ausführungen diesen Eindruck als nicht untypisch: „Dass die Durchführung von Experteninterviews bedeutet, schnell, leicht und sicher gute Interviews zu machen, wird durch verschiedene Aspekte nahegelegt. Oftmals verspricht die gemeinsame Beheimatung von Frager und Befragtem im „Relevanzsystem Wissenschaft" eine vergleichsweise leichte Mobilisierung zur Teilnahme am Interview."[188] Das Experteninterview hat somit klare Vorteile, bedarf aber trotzdem oder gerade deswegen einer kritischen Reflexion, um nicht „betriebsblind" zu forschen.

Ein Nachteil dieses Auswahlverfahrens ist, dass vermutlich nicht alle Facetten an Mitarbeitern (systemtreue, systemkritische oder auch am System gescheiterte Kollegen, sowohl im staatlichen wie katholischen Bereich) erreicht und somit bisher nur ein bestimmter „Typ" an Fürsorger abgebildet werden kann. Interessant ist die zufällig entstandene Geschlechtsverteilung unter den Befragten – drei weibliche Fürsorgerinnen aus dem staatlichen System und drei männliche Fürsorger aus dem katholischen Bereich. Im katholischen Kontext hätte es ebenso Frauen als potenzielle Gesprächspartnerinnen gegeben, diese standen aber aus Zeitgründen während des Befragungszeitraumes nicht zur Verfügung. Im staatlichen Kontext gab es von vornherein kaum männliche Ansprechpartner, die zusätzlich ebenfalls zum Zeitpunkt der Befragung keinen Gesprächstermin ermöglichen konnten. Eine mögliche Erklärung dafür ist, dass nach Aussagen der katholischen Fürsorger in den Ausbildungskursen in der Regel ein ausgewogenes Geschlechterverhältnis herrschte, während der staatliche Bereich in der Ausbildung und Berufspraxis eher von Frauen dominiert wurde. Abweichend von der ursprünglichen Planung war eine der befragten Expertinnen nicht in der staatlichen Jugendfürsorge, sondern in der staatlichen Gesundheitsfürsorge tätig.

Für das Interview mit dieser Expertin sprach die Möglichkeit, ein weiteres Feld der Fürsorge kennenzulernen, Vergleiche zu ermöglichen und eventuelle Unterschiede aufzudecken. Durch dieses Interview stellte sich heraus, dass insbesondere die Gesundheitsfürsorgerin den Blick für das staatliche Fürsorgesystem in der DDR deutlich erweitern konnte. Während zunächst im Bereich der Jugendfürsorge der Eindruck entstand, dass das Thema Macht die praktische Arbeit absolut dominierte, wurde der „Sorge-Aspekt" im Bereich der Gesundheitsfürsorge wesentlich deutlicher sichtbar. Insgesamt ergab die Expertenmischung ein umfangreiches Bild mit vielen verschiedenen Perspektiven.

188 Bogner, Alexander; Menz, Wolfgang: *Experteninterviews in der qualitativen Sozialforschung.* In: Bogner, Alexander; Littig, Beate; Menz, Wolfgang (Hrsg.): *Experteninterviews*, 9.

Der organisatorische und zeitliche Rahmen der Forschungsarbeit war stark begrenzt. Aufgrund dieser formalen Rahmenbedingungen gab es im Vorfeld notwendigerweise einen engen Zeitplan, der sowohl das Zeitfenster für die fachliche Vor- und Aufarbeitung des Themas, für die Durchführung der Interviews, als auch die Auswertung derselben festlegte. Der Zeitplan konnte weitgehend einhalten werden. So war es allerdings leider nicht mehr möglich, einen Gesprächstermin mit einer katholischen Fürsorgerin zu vereinbaren, die die kirchliche Ehe- und Familienberaterausbildung zu DDR-Zeiten absolviert hat. Die Durchführung der Interviews richtete sich nach den zeitlichen und örtlichen Möglichkeiten der Interviewpartner. So erfolgten diese in den beruflichen Räumlichkeiten der Befragten, in deren Wohnung, im Café und in der Lobby eines Hotels, in und außerhalb von Berlin. Im beruflichen wie privaten Kontext sorgten die Befragten für eine angenehme und ungestörte Gesprächsatmosphäre, während die Umgebung im Café beziehungsweise in der Hotellobby eine gewisse Störanfälligkeit hatte, was aber den Gesprächsverlauf schlussendlich nur wenig störte. Damit konnten die Forschenden diesen Punkt zwar wenig beeinflussen, haben aber gleichzeitig sichergestellt, dass sich die Befragten in der selbst gewählten Umgebung wohlfühlten und unbefangen sprechen konnten. Im Hinblick auf den nicht unerheblichen Einfluss der wechselseitigen Wahrnehmung, wurde ebenso darauf geachtet, pünktlich und ordentlich gekleidet zu sein, um für den Gesprächspartner seriös und zuverlässig zu erscheinen.[189] Pro Gespräch war zunächst jeweils etwa eine Stunde geplant, was zum Teil etwas unterschritten, in einem Fall aber mit über zwei Stunden deutlich überschritten wurde. Im letztgenannten Fall erzählte die befragte Person allein eine Stunde über ihren beruflichen Werdegang. Wie im Vorfeld für diesen Fall vereinbart, wurde dies zugelassen und die noch offenen Fragen zum Thema Beratung entsprechend im Gesprächsverlauf gestellt. Mit der ausdrücklichen vorherigen informierten Zustimmung der Befragten wurden alle sechs Gespräche auf Basis der datenschutzrechtlichen Bestimmungen aufgezeichnet, anschließend für die Auswertung transkribiert und zum Schutz anonymisiert. Die erhobenen Daten werden ausschließlich zu Forschungszwecken genutzt.

In der Rolle als Forschende galt im Sinne der ethischen Reflexion der oberste Grundsatz, dass jeder Mensch mit seiner Menschenwürde und den daraus

---

189 Vgl. Meuser, Michael; Nagel, Ulrike: *Experteninterview und der Wandel der Wissensproduktion.* In: Bogner, Alexander; Littig, Beate; Menz, Wolfgang (Hrsg.): *Experteninterviews,* 54–55.

resultierenden Menschenrechten geachtet werden muss.[190] Dies spiegelte sich sowohl in der professionellen Haltung der Forschenden, als auch im konkreten Umgang mit den Menschen in den Interviews wider. Alle Gespräche „dient[en] der Ermittlung von Erkenntnissen und Lösungsansätzen zur Bewältigung"[191] von Problemlagen oder zur Klärung von Sachverhalten. In den Gesprächssituationen wurde auf verbale und nonverbale Kommunikation geachtet.

Für die Datenauswertung folgte daraus, dass Erkenntnisse zwar klar benannt werden, diese aber weder den Befragten persönlich zuzuordnen sind, noch sie durch diese Darstellung diskreditiert werden können. Im Hinblick auf Objektivität und Validität gehörte in die Auswertung auch die Berücksichtigung der kritisch zu reflektierenden Aspekte der Zeitzeugen- und Erinnerungsarbeit. Hier können insbesondere Deckerinnerungen und Widersprüche nicht unerheblichen Einfluss auf die Datenlage nehmen. So muss berücksichtigt werden, dass einzelne Äußerungen von der Wahrnehmung anderer Befragter deutlich differieren können, nichtsdestotrotz aber der persönlichen Wahrnehmung und damit der Realität der Befragten entsprechen. Dies muss dann in der Analyse kritisch aus-, aber nicht abgewertet werden. Um dies leisten zu können, mussten die Forschenden darauf achten, einerseits empathisch mit den Interviewpartnern umzugehen, andererseits aber die nötige Distanz zu wahren, um objektiv beurteilen zu können. Dazu hilft die Anonymisierung der Daten für die Auswertung, ebenso wie der kritisch reflexive Austausch unter den Forschenden.

6.2 Datenauswertung

Die Datenauswertung orientiert sich an der Methodologie der Grounded Theory nach Glaser und Strauss. „Eine Theorie auf der Grundlage von Daten zu generieren, heißt, dass die meisten Hypothesen und Konzepte nicht nur aus den Daten stammen, sondern im Laufe der Forschung systematisch mit Bezug auf die Daten ausgearbeitet werden. Theorie zu generieren, ist ein Prozess."[192] Damit ist die Grounded

---

190 In der ethischen Betrachtung orientieren wir uns an der Handreichung der KHSB zu forschungsethischen Standards, Jahreszahl – ohne Angaben, 1–6. In: KHSB (Hrsg.): *Handreichung zu forschungsethischen Standards für Lehrende und Studierende der KHSB*. In: www.lernplattform.khsb-berlin.de/course/view.php?id=2195, abgerufen am 15.03.17.

191 Ebenda.

192 Glaser, B. G.; Strauss, A. L. *The Discovery od Grounded Theory. Strategies of Qualitative Research*. New York: Aldine 1967/2005, 15. Zitiert nach: Equit, Claudia; Hohage, Christoph: *Ausgewählte Entwicklungen und Konfliktlinien der Grounded Theory*

Theory eine „gegenstandsverankerte", „in den Daten begründete" Theorie, die sich nur durch den Forschungsprozess selbst entwickeln lässt. Die Theoriebildung erfolgt durch einen andauernden Wechsel von Datenerhebung und Datenanalyse. Das Wesensmerkmal dabei ist die Konzeptualisierung, das permanente Abwägen, die theoretische Neueinordung des gesamten Forschungssamplings und das Verfassen von Memos, was sowohl die Ideenentwicklung, die Strukturierung, die Reflexion sowie Theoriebildung beeinflusst und damit den gesamten Forschungsprozess der Planung, Erhebung und Verarbeitung begleitet. Die Theorie verfolgt damit nicht nur den Anspruch, die Daten wissenschaftlich auszuwerten, sondern will die Daten selbst und deren theoretischen Hintergrund verstehen und analysieren.[193] Auf dieser Basis wurde im Forschungsprozess nicht nur neues Wissen generiert, sondern diese neue Erkenntnisse fortwährend reflektiert und in den weiteren Verlauf eingebunden. Die somit gewonnenen „Erkenntnis[se] stell[en] einen sich spiralförmig entwickelnden Prozess dar, innerhalb dessen [sich] die gewonnenen Erkenntnisse [selbst] wieder […] in den Gesamtprozess direkt [einspielen und] sich damit rekursiver Weise dynamisch fortentwickel[n]."[194]

Grundlegend für die Durchführung der Interviews war das aktive Zuhören. Während der Interviews wurde darauf geachtet, das Tempo im Gespräch nicht absichtlich zu forcieren oder durch sogenannte Trichterfragen eine inhaltliche Verengung zu erzeugen, um so den Befragten den Raum zu geben, eigene Gedanken zu entwickeln, um so auch die im Ansatz der Grounded Theory verankerte Offenheit zu gewährleisten.[195] Alle anschließenden Transkriptionen wurden anonymisiert und zunächst im Hinblick auf Kernstellen vorausgewertet. Auffallend war dabei zum Beispiel, dass die narrative Einstiegsfrage den Interviewteilnehmern eine sehr gute Möglichkeit gab, eigene inhaltliche Schwerpunkte zu setzen, die nachhaltig den Gesprächsverlauf beeinflussten. So wurden beispielsweise Fragen, die zu einem späteren Zeitpunkt vorgesehen waren, bereits vorab beantwortet und wurden im

---

Methodology. In: Equit, Claudia; Hohage, Christoph (Hrsg.): *Handbuch Grounded Theory – Von der Methodologie zur Forschungspraxis*, Weinheim und Basel 2016, 11.

193 Vgl. Glaser, B. G.; Strauss, A. L. *The Discovery od Grounded Theory. Strategies of Qualitative Research.*, 12.

194 Kruse, Jan: *Grounded Theory Methodology und Kybernetik 2. Ordnung (I) eine Querverbindung* In: Equit, Claudia; Hohage, Christoph (Hrsg.): *Handbuch Grounded Theory*, 100. Kruse verweist auf: Foerster, H.: *Wissen und Gewissen*, Frankfurt/M 1993, 116 ff.

195 Vgl. Kruse, Jan: *Grounded Theory und Kybernetik 2. Ordnung (II) am Beispiel der Interviewforschung: Reflexiv-Prozessuale Erkenntnisgewinnung in der qualitativen Interviewforschung.* In: Equit, Claudia; Hohage, Christoph (Hrsg.): *Handbuch Grounded Theory*, 188–189.

weiteren Gesprächsverlauf allenfalls noch einmal zur Vergewisserung kurz aufgegriffen. „Die Analyse der selektierten Kernstellen erfolgt dann […] in klassisch rekonstruktiv-hermeneutischer Weise, d.h. sequentiell und (mikro-) sprachlichdeskriptiv mit dem Ziel, Muster zu identifizieren um hierüber (zentrale) Motive zu rekonstruieren.“[196] Auf dieser Basis erfolgte der tatsächliche Analyseprozess, der sich grob in drei Kodierphasen einteilen lässt: das offene Kodieren, das axiale Kodieren und das selektive Kodieren. Im ersten Schritt werden die Daten kleinschrittig in Sinneinheiten gegliedert, im Hinblick auf die inhaltliche-konzeptionelle Relevanz hin analysiert und mit sogenannten Codes versehen. Anschließend werden erste theoretische Abstraktionen Mithilfe der sogenannten W-Fragen erarbeitet: Was – um welches Phänomen geht es? Wer – welche Akteure sind beteiligt/welche Rollen nehmen sie ein bzw. werden ihnen zugewiesen? Wie – welche Aspekte des Phänomens werden behandelt/welche werden ausgespart? Wann/wie lange/wo – welche Bedeutung kommt der raumzeitlichen Dimension (biografisch) für eine einzelne Handlung zu? Warum – welche Begründungen werden gegeben? Womit – welche Strategien werden angewandt? Wozu – welche Wirkungen werden antizipiert/ wahrgenommen? Im Anschluss werden die ermittelten Codes oder Konzepte mittels des axialen Kodierens in Hauptkategorien zusammengefasst und miteinander in Beziehung gesetzt. Dabei sind bestimmte Eigenschaften, Dimensionen oder Unterkategorien für die Zuordnung handlungsleitend.[197] Die genaue Herausarbeitung von Kontext und Bedingungen macht es möglich, Handlungen, Strategien, Routinen und deren Wirkungen in ihren jeweiligen sozial-gesellschaftlichen Rahmungen kenntlich zu machen.[198] Die dritte Phase beinhaltet das selektive Kodieren. Es erfolgt eine weitere Verdichtung der Kategorien zu sogenannten Kernkategorien, die in ein Kategoriennetz eingeordnet und als gegenstandsgegründete Theorie ausformuliert werden.[199]

Die besondere Herausforderung dieser Theorie ist es, das geeignete Maß zu finden, mit wie viel bzw. wie wenig theoriebasiertem Wissen die Forscher in den Forschungsprozess und die Datenauswertung eintreten. Einerseits braucht es

196 Kruse, Jan: *Grounded Theory und Kybernetik 2. Ordnung (II) am Beispiel der Interviewforschung: Reflexiv-Prozessuale Erkenntnisgewinnung in der qualitativen Interviewforschung*, 195.

197 Vgl. Breuer, Franz: *Reflexive Grounded Theory – Eine Einführung für die Forschungspraxis*, Wiesbaden 2010, 80–82.

198 Vgl. Breuer, Franz: *Reflexive Grounded Theory – Eine Einführung für die Forschungspraxis*, 84–85.

199 Vgl. Breuer, Franz: *Reflexive Grounded Theory – Eine Einführung für die Forschungspraxis*, 92.

Fachwissen (den fremdverstehenden Erkenntnisprozess), andererseits ist die Offenheit das oberste Ziel für den Prozess und dessen Erkenntnisse. Es bedarf demnach
einer permanenten kritischen Selbstreflexion, durch die sich die Forschenden
künstlich fremd machen, um nicht unbewusst die Befragten und damit die Daten
zu manipulieren, weil versucht wird, bereits theoretisch vorgefasste Vermutungen
bestätigt zu bekommen. Gleichzeitig ist aber auch klar, dass es keine Forschung gibt,
die wirklich ohne theoretisch geleitete Wahrnehmung geschieht. Diesen Aspekt und
seinen potenziellen Einfluss auf die Auswertung und Theoriebildung müssen Forschende dauerhaft kritisch im Blick behalten. „Es kommt also nicht darauf an, *ob*
und *wann* Theorie – i.d.R. auf der Basis von Literatur – im qualitativen Forschungsprozess verwendet wird, sondern *wie*: nämlich *reflexiv* und *sensitiv*."[200] Dieser
sensitiv-reflexive Ansatz gilt auch in Bezug auf die gewonnenen Erkenntnisse. Sie
werden als eine Art Sensibilisierung verstanden – ein Auftakt-Analyserahmen –
und gelten nicht absolut und unveränderbar. Fasst man den gesamten Forschungsprozess zusammen, ist das Hauptziel einerseits den methodologischen Ansprüchen
gerecht zu werden, andererseits aber auch handlungsfähig zu bleiben, um pragma-
tisch ein „gutes Ende" und belastbare Ergebnisse generieren zu können. Es ist also
ein sich stetig wiederholender zyklischer Erkenntnisprozess, in dem der Forscher
immer wieder abwägen und reflektieren muss, um auf dieser Basis sein weiteres
Vorgehen festzulegen und zu begründen, oder eben die Forschung zum aktuellen
Zeitpunkt zum Ende führen zu können.[201]

Die Grounded-Theory-Methode ist ein Verfahren, das in der qualitativen Sozialforschung derzeit häufig angewendet wird, da ihr Vorteil die große Offenheit
gegenüber dem Forschungsgegenstand und seiner direkten Verknüpfung zur regel-
geleiteten Theoriebildung ist und sie somit eine besondere Offenheit für „Neues"
im Forschungskontext ermöglicht. Gleichzeitig ist die Erarbeitung einer Grounded
Theory sehr zeitaufwändig und setzt eine hohe Eigenstrukturierung und Disziplin
beim Forschenden voraus.[202]

---

200 Kruse, Jan: *Grounded Theory Methodology und Kybernetik 2. Ordnung (I) eine Quer-
     verbindung*. In: Equit, Claudia; Hohage, Christoph (Hrsg.): *Handbuch Grounded
     Theory*, 94.
201 Vgl. Kruse, Jan: *Grounded Theory Methodology und Kybernetik 2. Ordnung (I) eine
     Querverbindung*, 94–95.
202 Vgl. Strauss, Anselm; Corbin, Juliet M.: *Basics of Qualitative Research-Techniques and
     Procedures for Developing Grounded Theory*, London 1998, 24–25.

7 Auswertung der Ergebnisse

Da die Erhebung mit sechs Experteninterviews in den Arbeitsfeldern der DDR-Fürsorge eine relativ kleine Größe darstellt, haben die Aussagen nur eine bedingt repräsentative Aussagekraft. Sie zeigen gewisse Tendenzen und sind möglicherweise ein Ansatzpunkt für weiterführende und tiefer gehende Studien im Bereich der empirischen Sozialforschung – etwa auch über das ehemalige DDR-Gebiet hinaus im Kontext der sogenannten Ostblockländer.

Im Folgenden werden zunächst die Auswertungscodes dargestellt (7.1). Danach erfolgt – getrennt für den staatlichen und den katholischen Bereich der Fürsorge – eine thematische Zusammenfassung der Aussagen unserer Interviewpartner (7.2–7.3), um diese dann (7.4) miteinander ins Verhältnis setzen zu können. Die Darstellung der Interviewaussagen orientiert sich an den Auswertungscodes, weicht jedoch, um ein schlüssigeres Verstehen zu ermöglichen, von der Codereihenfolge ab. Erst bei der Gegenüberstellung der Ergebnisse wird diese systematisch eingehalten.

7.1 Darstellung der Auswertungscodes

Auf Basis der Interviewfragen und mittels der Fokussierung auf die Forschungsfrage erfolgte die Festlegung der Auswertungscodes. Im Rahmen der Datenanalyse ergab sich die Notwendigkeit, einige Codes bzw. einige Untercodes zu ergänzen. Im Folgenden werden nun die einzelnen Codes benannt und erläutert, die der Auswertung zugrunde liegen.
Übersicht der Codes:

(1) Verständnis von Beratung (Untercodes: Definition, Wer wurde beraten?, Auftraggeber, Form, Inhalt, Auslöser/Anlässe, Ziel, Umfang der Beratung im Berufsalltag, Dokumentation, Folgen der Beratung, Kooperationen, Reflexion)
(2) Relevanz von Beratung in der Ausbildung, Weiterbildung, Fortbildung
(3) Eigene Haltung
(4) Erwartungen von außen
(5) Macht
(6) Rechtliche Aspekte
(7) Spannungsfeld Kirche-Staat
(8) Angst
(9) Weitere Gedanken

Da sich bereits in den Interviews herausstellte, dass die Befragten den Begriff *Beratung* nicht eindeutig definieren konnten, wurde als übergeordneter Code das *Verständnis von Beratung* gewählt. Dieser Kategorie wurden zur Differenzierung des Verständnisses einzelne Untercodes zugeordnet (*Definition, Wer wurde beraten?, Auftraggeber, Form, Inhalt, Auslöser/Anlässe, Ziel, Umfang der Beratung im Berufsalltag, Dokumentation, Folgen der Beratung, Kooperationen, Reflexion*), um so zu präziseren Aussagen zu gelangen. Unter dem zweiten Code wurde die „*Relevanz von Beratung in der Ausbildung, Weiterbildung und Fortbildung*" betrachtet. Anfängliche Überlegungen, diesen Punkt gesondert auszuwerten, erwiesen sich im Prozess als unnötig. Die unter diesem Aspekt gewonnenen Daten geben Aufschluss über die Voraussetzungen, auf deren Basis die Befragten zu ihrem Verständnis von *Beratung* und *Professionalität* gelangt sind. Vertieft werden diese Aussagen durch die im dritten Code benannten *eigenen Haltungen*. Diese geben Auskunft über das Selbstverständnis der Befragten in ihrer Rolle als Berater und gegenüber ihren Klienten. Dabei spielt auch eine Rolle, welchen Einfluss das politische System auf das eigene Handeln hatte und inwieweit die Befragten diesen Aspekt überhaupt für sich selbst kritisch reflektiert und ausgewertet haben (Selbstwahrnehmung vs. Fremdwahrnehmung). Mit dem vierten Code werden *Erwartungen von außen* aus Sicht der Befragten untersucht. Hierbei erfolgt die Abgrenzung von den eigenen Erwartungen und es wird ein Blick auf die Gesellschaft, das politische System, die Partei, die Staatssicherheit, den Arbeitgeber und die katholische Kirche, durch „die Brille" der Befragten und unter Berücksichtigung der jeweiligen Arbeitsbereiche ermöglicht. Unter dem fünften Code *Macht* werden die Auswirkungen (positiv wie negativ) in Bezug auf das eigene Handeln und im Hinblick auf das politische System betrachtet.

Wie *Macht* in dem jeweiligen Kontext (staatliche oder katholische Fürsorge) wahrgenommen wird, hängt von der eigenen Erfahrungswelt der Befragten und der jeweiligen Position im politischen System ab. Dabei spielen sowohl bewusste als auch unbewusste Verhaltensweisen eine Rolle. Diese wirken sich auf das eigene Handeln und dessen Reflexion in verschiedenen Kontexten von Macht aus: In Bezug auf das eigene Handeln als professionelle Fachkraft, Macht im Hinblick auf die zugeschriebene Position im Arbeitsfeld durch den Staat und die Klienten, die Frage des Machtgefälles durch Wissen und Nichtwissen, die Frage nach dem Mandat in der Beratung etc. Mit dem sechsten Code *rechtliche Aspekte* werden Grundlagen und formale Hintergründe in der Beratung beleuchtet. Interessant ist dabei, welche Unterschiede und Gemeinsamkeiten in der Anwendung, Auslegung und Auswirkung der Rechtslage im staatlichen und katholischen Fürsorgebereich erkennbar sind. Der siebte Code *Spannungsfeld Kirche – Staat* versucht Kernunterschiede, Widersprüche und Gemeinsamkeiten in der Wahrnehmung der staatlichen wie der katholischen Fürsorge in ihrem jeweiligen Berufsfeld, aber auch der „anderen Seite" gegenüber zu beleuchten. Welche Auswirkungen hatte dabei die ideologisch vorgesehene Trennung? Welche Konfliktfelder lassen sich identifizieren? Wie haben sich die unterschiedlichen Menschenbilder auf die Arbeitsweise und im Umgang miteinander (Kirche – Staat) ausgewirkt? Der zunächst gar nicht berücksichtigte achte Code *Angst* hat sich erst während der Analyse ergeben. Angst wurde immer wieder im Zusammenhang mit *Macht* von den Interviewten selbst eingebracht und kristallisierte sich als eigenständige Kategorie und nicht als Untercode heraus. *Angst* steht dabei für ein sehr persönliches Gefühl des Individuums und ist nicht auf die Gesamtgesellschaft zu übertragen. Unter dem neunten Code *weitere Gedanken* ließen sich Aspekte berücksichtigen, die mit ihrem Inhalt entweder nicht eindeutig einem der genannten Codes zuzuordnen waren, aber dennoch wichtig erschienen, oder die über den Kontext der Beratung hinausgingen, aber eine wesentliche ergänzende Erkenntnis darstellten.

Alle gewonnenen Daten werden als „Wahrheit der Befragten" nicht grundsätzlich in Frage gestellt, bei der Auswertung muss jedoch berücksichtigt werden, dass die Gefahr besteht, dass einzelne Erinnerungen zumindest in Teilen einer rückblickenden Verzerrung/Verdrängung, einer Glorifizierung der eigenen Position oder einer nachträglichen Konzeptentwicklung unterliegen könnten, die das eigene Handeln als angemessen in der Erinnerung rechtfertigt. Dies gilt es zumindest von uns als Forschenden in der Auswertung zu bedenken.

7.2 Thematisch fokussierte Darstellung der Interviewauswertung aus dem Handlungsfeld der staatlichen Jugendfürsorge

Im Bereich der staatlichen Jugendfürsorge gab es weder ein Bewusstsein dafür, dass Beratung ein eigener Bestandteil der Arbeit ist, noch wurde Beratung als solche überhaupt benannt oder definiert – „das Vokabular gab's fast gar nicht" (B/212). Zum theoretisch-fachlichen Hintergrund im Hinblick auf Beratungskompetenz waren die Fürsorger auf sich allein gestellt. Weder in der Ausbildung, noch im späteren Berufsleben (in Form von Fort- und Weiterbildungen) erfolgte eine entsprechende systematische Qualifizierung in dem Feld. „Entweder … man hat das im Blut … und man trifft den Ton und man schafft es, die Leute auch mitzunehmen … in der Beratung … und nicht nur Fakten zu vermitteln, … oder man … hat es nicht" (C/168). Hatten Fürsorger an diesem Thema grundsätzlich Interesse, bedurfte es eines eigenverantwortlichen Selbststudiums, was sich aber schwierig gestaltete, da es nahezu keine öffentlich zugängliche Fachliteratur dazu gab.

Trotzdem lässt sich aus den Ausführungen der Befragten deutlich entnehmen, dass ein beträchtlicher Teil ihrer Arbeit Beratungselemente beinhaltete. Als Beratung verstanden und benannten die Befragten: eine Art Austausch, Hinweise erteilen, Kontrollieren, ob Vereinbarungen eingehalten werden, im Sinne einer „Abrechenbarkeit" (A/508). Die praktische Handlungsgrundlage war dabei das Bauchgefühl: „das wurde ein bisschen aus dem Bauch ... entschieden, wie man berät" (C/398). Beraten wurden Betroffene, die um Beratung baten oder deren Beratungen durch das soziale Umfeld oder staatliche Stellen, wie zum Beispiel die Schule, initiiert wurden. Das waren „in erster Linie die Eltern" (C/257), der Betroffene selbst (Kind/Jugendlicher), Lehrer und „alle, die mit dem Kind zu tun hatten" (A/546). Auslöser waren einerseits der freiwillige Wunsch nach Erziehungsberatung, andererseits schwierige Familiensituationen, Misshandlungen, psychische Erkrankungen der Eltern, Kinder, die von sich aus ins Heim wollten o.ä. Insbesondere in konflikthaften Situationen sind die Eltern „weniger von selbst zu uns gekommen" (C/201), in der Regel war es dann das soziale Umfeld der Familie (Schule, Nachbarn, Polizei, Gesundheitswesen etc., das die Jugendfürsorge benachrichtigte. Im Sinne eines heutigen Doppel/Trippelmandats fühlten sich die Fürsorger in erster Linie den Kindern und Eltern verpflichtet, mussten dabei aber dem durch den Staat erteilten Auftrag gerecht werden und vor ihrer Leitung Rechenschaft ablegen. Die Zuständigkeit der Fürsorge ergab sich durch die territoriale Zuordnung der Jugendämter für ein bestimmtes Wohngebiet.

Neben einem nicht unerheblichen Anteil von Hausbesuchen gab es in den Jugendämtern feste Sprechstunden, zu denen die Betroffenen hinkommen konnten oder gezielt eingeladen wurden: „die Eltern kamen, meine Sprechstunde war immer voll, die kamen [auch] von alleine" (A/250). In der Regel teilten sich zwei Kollegen ein Büro: „Ich saß zu zweit, mit meiner Kollegin in einem Büro, auch hier im Rathaus ... und die Schreibtische standen sich gegenüber ... und an jedem Schreibtisch stand ein Stuhl ... und da saß der heutige Klient und erzählte mir seinen Kummer ... und wenn wir Glück hatten, saß ... rücklinks noch ein Klient, der meiner Kollegin, ... [dann sein] Elend ... zur gleichen Zeit, erzählte" (C/298). Konkrete Richtlinien oder Beratungsstandards gab es nicht, „es ging nie um eine Beratung. Man hat es gemacht, jeder hat es so gut gemacht, wie er konnte" (A/517) und meist mit der Fragestellung „Wo könnten wir unterstützend tätig werden?" (A/218). Trotz dieser den Klienten praktisch zugewandten Herangehensweise ging es in erster Linie um Kontrollberatungen, „der Staat ... verlangte ... Kontrollberatungen" (A/207), in denen insbesondere bestimmte Maßnahmen angeordnet wurden und gleichzeitig immer abgeprüft werden sollte, „ob die Eltern systemtreu sind oder nicht" (A/214). Eröffnet wurden diese Gespräche nicht mit der Frage, worum es gehe, sondern mit dem Aufnehmen der Statusangaben und der Frage: „Ja gehören sie überhaupt in mein Territorium?" (A/761). Zu den klassischen Gesprächsinhalten gehörten Erziehungsfragen, Kindeswohlgefährdung, Ehescheidungen, Sorgerechtsfragen und Sanktionen. In kritischen Fällen „wurden immer die Betriebe der Eltern benachrichtigt, … Betriebsbeurteilungen angefordert, immer … danach wurden Entscheidungen getroffen, ganz schlimm" (A/305).

Das staatliche Ziel sicherzustellen, dass sich die Betroffenen im „richtigen Sinne zu allseitig gebildeten Persönlichkeiten" entwickelten, bildete die Handlungsgrundlage der Jugendfürsorger. Mit welcher Unterstützung und mit welchen Maßnahmen dieses Ziel erreicht wurde, hing entscheidend von den Beurteilungen der Fürsorger ab. „Mein Ziel der Beratung war grundsätzlich, Heimerziehung zu vermeiden, also mein persönliches Ziel, außer es war 'ne psychische oder physische Misshandlung gegeben" (A/604). Dafür war es nach Aussagen der Befragten wichtig, „eine freiwillige Zusammenarbeit [der Eltern] mit dem Jugendamt [zu erreichen], in erster Linie … um zu schauen …, wenn ich jetzt eine Idee habe, die natürlich den Eltern nahe zu bringen", (C/261) und gemeinsam zu einer guten Lösung zu kommen. Zur Überprüfung, ob die Familien die vereinbarten oder angeordneten Maßnahmen umsetzten, erfolgte in der Regel eine Anhörung in der Jugendhilfekommission. Eine der Befragten schilderte eine derartige Situation aus heutiger Sicht: „Wie ein Angeklagter: So jetzt sagen Sie mal bitte, was zu Hause verändert wurde und warum Sie das nicht gemacht haben, also … missliche Lage, in der die Leute waren, aber jetzt muss ich auch sagen, dass es immer auf die Leute ankam, die dieses Gespräch geführt haben, … ob man da auch ein bisschen … wertschätzend miteinander umgegangen ist" (C/315).

Durch die Beteiligung der Ehrenamtlichen in der Jugendhilfekommission, die in der Regel aus dem gleichen Wohngebiet wie die Betroffenen stammten, war Anonymität und Intimsphäre kaum zu gewährleisten. Rückblickend betrachtet erscheint den Fürsorgern dieses Vorgehen – auch im Hinblick auf Datenschutz – kaum mehr vorstellbar, aber „ich habe mir [damals] darüber nie Gedanken gemacht, das war halt so" (C/306). Sowohl zu den Hausbesuchen, als auch im Rahmen der „Kontrollberatungen wurden [regelmäßig] Protokolle angefertigt, … ansonsten … Vermerke …, was man dokumentiert hat, lag im eigenen Ermessen" (A/815). Zum Teil wurde bewusst nichts dokumentiert, um den Betroffenen einen größeren Handlungsspielraum ohne negative Konsequenzen einräumen zu können. „Ich habe es nicht gesehen, ich schreibe es auch

nicht in die Akte" (A/297). Längere handschriftlich verfasste Protokolle konnten
bei einer Sekretärin im Amt abgegeben werden, die diese dann professionell mit
der Schreibmaschine für die Akte abgefasst hat.

Die Folgen einer Beratung oder eines Beratungsprozesses hingen ebenfalls
von der Beurteilung der Fürsorger und der jeweils zuständigen Jugendhilfekommission ab. Diese Beurteilung war (positiv wie negativ) eine sehr subjektive Entscheidung, ohne einen vordefinierten Handlungsrahmen in der Jugendfürsorge.
Beispielsweise konnte das heißen: „Nur mit Sanktionen komme ich da auch
nicht weiter, … nur über den Kopf gehen" (A/293).

Oder: „mein Anliegen war, die Kinder in der Familie zu lassen und die Eltern
zu befähigen, mit denen umzugehen" (A/825). Verhielten sich die Familien oder
die Betroffenen nicht wie erwartet, konnten die zuständigen Fürsorger großen
Druck aufbauen, „nochmal ein ganz anderer Druck, als … heute" (C/456). Zum
Teil erfolgte dann eine Einladung ins Amt über den Betrieb der Eltern oder der
Jugendlichen selbst, mit der Folge, dass es „dann … ziemlich öffentlich [war],
… so ein Problem" (C/464). Hier wurde klar auf die soziale Kontrolle durch das
Kollektiv zurückgegriffen und bewusst Unannehmlichkeiten für die Betroffenen
in Kauf genommen und gewollt. So sollten die Beteiligten durch die Bloßstellung im sozialen Umfeld zur Mitarbeit genötigt werden. Die „Sorge, wir nehmen
ihnen die Kinder weg, die war schon immer da" (C/458). Gleichzeitig wurde
eben dieses Kollektiv aber auch positiv einbezogen, zum Beispiel, wenn die
Familien wenig Geld zur Verfügung hatten. Die Fürsorge konnte dabei unterstützen, Gelder zu beantragen, „oder in Betrieben mal sagen, könnt ihr nicht
mal das Kinderzimmer malern?" (C/483). Als Entscheidungsgrundlage für die
Jugendhilfekommission gehörte es zu den Aufgaben der Fürsorger eine entsprechende „Beschlussvorlage zu schreiben […] also dem Ausschuss schon eine
[entsprechende] Entscheidung vorzugeben" (A/146). Im Falle einer Heimunterbringung musste dafür formal das Familiengericht zusätzlich angerufen werden.

Zu den klassischen Kooperationspartnern der Fürsorge gehörten die ihr
zugeordneten Jugendhilfekommissionen und die Jugendhilfeausschüsse. Dort
arbeiteten sehr viele Ehrenamtliche mit und „waren … für diese Familien so die
Paten und haben sich gekümmert" (B/465). Darüber hinaus waren an der Arbeit
in diesen Gremien die Gesundheits- und Sozialfürsorge, Kindergärten, Schulen,
die Betriebe der Betroffenen, der ABV (Abschnittsbevollmächtigter) etc. beteiligt. „Das war schon sehr vernetzt" (C/493).

Reflexion, Supervision oder kollegiale Beratung, wie sie heute in der Jugendhilfe üblich ist, gab es im Bereich der staatlichen Jugendfürsorge nicht. Wenn
überhaupt, wurde mit einzelnen ausgewählten Kollegen gesprochen und von
ihnen ein fachlicher Rat eingeholt. Ansonsten wurde mit der eigenen Familie

oder den Partnern eine Situation ausgewertet. Das Thema eigener Grenzen gab es nicht. In Konfliktsituationen konnten die Vorgesetzten informiert werden. Das war aber „nicht als Entlastung gedacht, … zum Vorgesetzten gegangen …, wenn du jetzt nicht weiterwusstest und so, dann hat er dir gesagt, was du zu machen hattest, Punkt. … Das war die Reflexion. Klare Ansage!" (C/533).

Fürsorger im staatlichen Dienst waren ein ausführendes Organ des Staates und mussten bestimmten Erwartungen von außen gerecht werden. Aus Sicht des DDR-Staats stand „im Mittelpunkt … der Mensch" (A/119). Für diesen Menschen legte aber der Staat fest, „was gut für den Jugendlichen und was gut für die Eltern ist" (A/125). Wenn sich auf dieser Basis herausstellte, dass die Familie Unterstützung benötigte, dann war „das … der Arbeitsauftrag" (A/338) der Jugendfürsorge im Beratungsprozess. Mit der Zielsetzung, die Eltern dahin zu beeinflussen, dass sie ihre Kinder „im Sinne des Staates zu allseitig gebildeten sozialistischen Persönlichkeiten … erziehen" (A/350). Sobald die Jugendfürsorge involviert wurde, stand potenziell immer eine Heimunterbringung zur Diskussion. Um das zu vermeiden und die Kinder in der Herkunftsfamilie belassen zu können, sollten die Fürsorger mit allen ihnen zur Verfügung stehenden Mitteln versuchen, „die Kinder wieder auf diesen Weg zu bringen" (A/356). Dazu wurde von den Fürsorgern ein „kompromissloses … Handeln nach [den] Gesetzen" (A/377) erwartet. Das ging so weit, dass die „Dienststelle [der Eltern], von dem Delikt des Kindes in Kenntnis gesetzt" (A/578) werden musste. Um diese Arbeit erfolgreich bewältigen zu können, setzte der Staat verschiedene Kompetenzen bei den Fürsorgern voraus: „einen pädagogischen Vorberuf … selbstständiges Arbeiten … pädagogisches Einfühlungsvermögen, … Verknüpfungen, … mit … anderen Gremien … [sowie] staatlichen Stellen" (C/101).

Das Selbstverständnis und das eigene Handeln als Fürsorger waren maßgeblich durch die eigenen Erfahrungen im politischen System geprägt. Daraus entwickelte sich die eigene Haltung für den professionellen beruflichen Beratungskontext. Die Aussagen in diesem Feld lassen sich schwer verallgemeinern. So beschrieben die Befragten, abgesehen von einigen übereinstimmenden Kernaspekten, durchaus sehr unterschiedliche, zum Teil widersprüchliche Erfahrungen und Wahrnehmungen.

Relative Übereinstimmung gab es darüber, dass es gut war, dass die Kinder über einen „sehr, sehr langen Zeitraum, … so lange, wie man dieses Territorium hatte … den gleichen Sozialarbeiter hatten" (A/224) und seltener als heute die Zuständigkeiten wechselten. Außerdem war für alle die freiwillige Zusammenarbeit mit den Betroffenen die entscheidende Grundlage, um mit den Menschen arbeiten zu können, auch unter den stark reglementierenden äußeren Umständen. „Wenn jemand Angst hat, mit dem kann ich nicht arbeiten, … das

Vertrauen muss auch so sein, dass die mir glauben" (A/258). Im Gegensatz dazu gab es eine durchaus negative Wahrnehmung in der DDR-Zeit, „hier wird schon das ungeborene Kind im Mutterleib kontrolliert" (A/311). Zum Teil wurde der „generalpräventive Ansatz" der DDR als Entmündigung und (unnötig) massiver Eingriff in die Persönlichkeitsrechte der Betroffenen empfunden. Ich „hätte mich um jeden gekümmert ..., wenn er das gebraucht hätte, ..., aber ... viele Dinge liefen, bis hin zur Entmündigung der Menschen" (A/879).

Im Hinblick auf den Einfluss des politischen Systems auf die eigene Situation gehen die Wahrnehmungen weit auseinander: „Wenn ich es jetzt aus der Sicht von damals sage, habe ich keinen Einfluss gespürt" (C/593). „Ich habe mich ... nicht so, in so 'ne Rolle reindrücken lassen ... klar, bestimmte Sachen musste ich erfüllen, aber ... hab das nicht mehr so in Erinnerung, dass ich mich da so ... manipulieren lassen hab ... oder so, das nicht ... bin gern so [eine] freundliche Sozialarbeiterin gewesen ..." (B/129). Ergänzend: „Vielleicht waren wir ... auch ganz anders eingestellt zu DDR-Zeiten, ... unsere Mentalität war ja auch 'ne andere" (B/145). Bis hin zu der Feststellung: „Für mich war die Arbeit ein Horror ... für mich war dieses ... zwischen Staat und ... eigenen ... Entscheidungen stehen, ein Horror" (A/1138). Trotzdem wird bei allen Interviewten deutlich, dass sie versucht haben, wertschätzend zu agieren, konstruktive Hilfe anzubieten „wie kann man ... unterstützen und ihre Autonomie auch stärken ... also nicht so fremdbestimmt ... keine Schablone, wo man die Leute reinsteckt" (C/133). Sie versuchten, den einzelnen Menschen zu sehen (auch) unabhängig vom politischen System der DDR und dessen Erwartungen.

In Bezug auf das Thema *Macht,* das eng verknüpft mit dem Thema *Angst* war, ergeben sich mehrere Aspekte. Dazu gehören der Einfluss von Macht auf das berufliche Handeln und die Rolle als Fürsorger, die damit verbundenen Auswirkungen auf die Betroffenen, aber auch auf den persönlichen privaten Lebensbereich der Fürsorger.

Auch wenn es durchaus Menschen gab, die freiwillig um Unterstützung baten, war das Jugendamt – ähnlich wie heute – eher etwas Bedrohliches. Viele Betroffene hatten Angst und achteten sehr darauf, ihre Termine einzuhalten, damit ihnen keine Unzuverlässigkeit vorgeworfen werden konnte, was großen Ärger für die Familien bedeuten konnte. „[Ich habe] am Händedruck schon gemerkt, ob jemand Angst hatte vor diesem Amt oder nicht" (A/257). Anders als heute kam es wesentlich schneller zu massiven Konsequenzen, wenn Eltern ihre Mitarbeit (anscheinend) verweigerten, denn dann „war das nicht mehr deren Entscheidung, ... da der Staat ... letztendlich schon gewacht hat, sehr gewacht hat, über das Wohl und Weh der Familien" (C/284). Als Staatsorgan war die Fürsorge mit umfangreichen Befugnissen ausgestattet. Sie konnte in die elterliche Sorge eingreifen, konnte festlegen, wer ins Heim oder den Jugendwerkhof kommt, oder ob es doch noch eine Unterstützung in der Familie gibt. „Wenn es zum Entzug des Sorgerechts kam … das ist ‚ne Machtausübung sondergleichen … diese Vorlage hat auch der Fürsorger geschrieben" (A/1118).

Im Vorfeld dazu kam es zu unangemeldeten Hausbesuchen. Zum Teil wurde diese Form der Machtausübung in der Praxis von den Fürsorgern als absolute „Ignoranz der Persönlichkeitsrechte" (A/1117) der Betroffenen empfunden. Obwohl die Fürsorger nach eigenen Angaben immer wieder versucht haben, aus dem System heraus das Beste für die Betroffenen zu machen, war auch ihr Handlungsspielraum begrenzt. „Da habe ich mich voll auf Arbeit ausagiert … also meinem Chef gegenüber, dem Ausschuss gegenüber …, aber ohne Ergebnis, ich war zu klein in dem … Gefüge" (A/953). Insbesondere wenn es eine politische Dimension gab, entschieden nicht selten übergeordnete Stellen, ohne dass die Argumente der Jugendfürsorge berücksichtigt wurden. „Befehl von Oben, Oben war Staatssicherheit, darüber konnte keiner hinausgehen" (A/189). In einem Beispiel wurde beschrieben, dass es für Waisenkinder die Möglichkeit gegeben hätte, bei ihrer Tante in West-Berlin zu leben. Dies wurde mit der Begründung abgelehnt: „Wir geben doch keinen sozialistischen Staatsbürger in die Bundesrepublik [ab], also blieben die hier" (A/725) – in einem Kinderheim.

In Bezug auf die Auswirkungen von *Macht* für die eigene Person haben die Fürsorger sehr individuelle Erfahrungen gesammelt. So wurde zum Beispiel geschildert: „Ich hab‘ mich jetzt nicht so laut geäußert, sondern (lacht etwas) habe einfach meine Nischen gesucht und bin damit gut klar gekommen … (fast flüsternd) hast ja keine Möglichkeiten gehabt" (B/530). Im Gegenzug dazu schilderte einer unserer Befragten, dass es schon das Gefühl gab, dass man vorsichtig war, aber aus heutiger Perspektive gar nicht mehr nachvollziehbar sei, wovor man eigentlich Angst hatte. „Man musste vor dem Chef keine Angst haben, wovor sollte man Angst haben? Vielleicht noch vorm Knast in Bautzen, … weil man sich jetzt völlig daneben benommen hat, aber ansonsten brauchte ich doch keine Angst haben, wer hätte mich denn in die Arbeitslosigkeit geschickt? Kein Mensch. Ich hätte weniger Geld gehabt, na und?" (A/1127).

Gegen Ende der DDR, schilderte eine der anderen Befragten, hätte die Leitung schon deutlich das Gefühl vermittelt, dass man „genau guckt, wer ist da politisch zuverlässig und … wer nicht" (C/588). Es wird in diesem Zusammenhang geschildert, dass „plötzlich Leute im Ledermantel vor mir standen, im … Rathaus, [und] mit mir gesprochen haben, über meine Kommission und zu mir gesagt haben, ich soll wachsam sein" (C/601). Nach diesem Erlebnis „habe [ich] schon aufgepasst, dass ich … mich nicht in Gefahr bringe, meine Kinder nicht in Gefahr bringe und, … habe da keine Revolution angezettelt" (C/630).

Rechtsgrundlagen für die Jugendfürsorge bildeten die Jugendhilfeverordnung, das Familiengesetz und das Strafgesetzbuch. Die Auslegung und Anwendung der Regelungen hing stark von den ausführenden Fürsorgern ab, die entweder streng nach Vorschrift vorgingen oder gezielt nach Handlungsspielräumen zum Vorteil ihrer Klienten suchten und dabei bewusst an den Grenzen der Legalität agierten. „Es war für mich schon fast ein Sport..., Gesetze zu umgehen, ... aber inoffiziell und ... immer ... mit ... Angst, dass einem selbst da irgendwas widerfahren könnte" (A/391) „Ich hätte schon mit gravierenden Konsequenzen rechnen können, wenn so was raus gekommen wäre ... Manchmal hatte ich Glück, ... habe mir auch immer gesagt, ich putze auch die Treppen im Rathaus und damit habe ich es mir leicht gemacht" (A/996).

Im Hinblick auf die Schweigepflicht als Teil dieser Rechtsvorschriften sind die Aussagen widersprüchlich. Einerseits gab es ganz klare Anweisungen, dass alle Fallakten mit persönlichen Daten zu den Familien nach Dienstschluss im Jugendamt verschlossen aufbewahrt werden mussten. „Schweigepflicht hatten wir selbstverständlich, also, dass wir das vertraulich behandeln" (C/399). Andererseits wurden bei Hausbesuchen völlig selbstverständlich Nachbarn von betroffenen Familien zu deren Situation oder Auffälligkeiten befragt. „Wenn wir jetzt in Familien gegangen sind, dann haben wir auch mal beim Nachbarn geklingelt und haben gesagt, sagen Sie mal ... also, das war offener" (C/418). Einige der Befragten waren sich zum Schluss unsicher, ob überhaupt eine Schweigepflicht bestand, beziehungsweise verneinten dies völlig. Sicher waren sie nur, dass eine Meldepflicht für verschiedene Szenarien existierte. „Schweigepflicht, weiß ich nicht mehr genau ... aber eine Meldepflicht war auf jeden Fall da, also bei Misshandlungen" (A/803). In Konfliktsituationen – gerade wenn es um Straftaten im Jugendalter ging – wird dieses Paradox den Schilderungen der Fürsorger nach gut sichtbar. „Jeder hatte ja nicht das Recht zum Rechtsanwalt zu gehen, selbst wenn er es gemacht hat, hat der Rechtsanwalt wieder mit uns Kontakt aufgenommen ... dann sind wir als Fürsorger zum Richter gegangen, haben mit dem Richter gesprochen und haben eigentlich schon das Strafmaß vorher festgelegt" (A/380).

In Bezug auf das *Spannungsfeld Kirche–Staat* ist eindeutig festzuhalten, dass es keinerlei Kontakt oder Zusammenarbeit zwischen staatlichen und katholischen Beratungsstellen gab. Zum Teil war die Existenz kirchlicher Beratungsstellen während der DDR-Zeit nicht einmal bekannt. Bis heute ist einem Teil der Fürsorger unverständlich, weshalb bereits die Zugehörigkeit zu einer Kirche zu massiven Problemen für die Betroffenen führen konnte. „Das war ... schon ... schlimm ... dass wir ... Fürsorger, jeden der aus einer kirchlichen Einrichtung kam oder der gläubig war, unserem Chef melden sollten" (A/401). Die jeweiligen

Vorgesetzten waren wiederum verpflichtet, diese Informationen an die Abteilung Inneres weiterzuleiten. In der Wahrnehmung der Fürsorger erfuhren diese Familien, im Vergleich zu anderen, ungewöhnlich harte Sanktionen und Repressalien, häufig mit der Begründung, sie würden sich angeblich massiv unangepasst verhalten. „Wer nicht angepasst gelebt hat, der hatte mit Sanktionen zu rechnen, so er nicht schlau genug war" (A/366).

In Einzelfällen schickten Fürsorger, entgegen ihrem beruflichen Auftrag, christliche Klienten zu deren eigenem Schutz, wenn ihnen eine solche Stelle bekannt war, direkt zu nichtstaatlichen Beratungsstellen, mit dem Hinweis, besser nicht mehr im Jugendamt vorstellig zu werden. Sie gingen davon aus, dass diese Stellen, anders als sie im Jugendamt, mit den betroffenen Familien arbeiten und sie besser vor dem repressiven Zugriff des Staates schützen könnten. Dabei schwang immer ein gewisses Risiko mit, sich selbst strafbar zu machen und in eine interne „Falle" zu tappen. Als Beispiel: „Ich möchte jetzt nichts mehr von Ihnen wissen, keinen Namen, …, worum es geht, wenden Sie sich an eine Einrichtung der Kirche und kommen Sie bitte nie mehr hierher, … wusste aber nicht, ist das wirklich 'ne Frau von der Kirche oder … von der Stasi[203]" (A/415).

7.3 Thematisch fokussierte Darstellung der Interviewauswertung aus dem Handlungsfeld der katholischen Fürsorge

Unter den katholischen Fürsorgern wurde Beratung ganz selbstverständlich als ein Teilbereich ihrer praktischen Tätigkeit verstanden, im Sinne einer „Begleitung in einem Entwicklungsprozess …, [als ein] Beratungsprozess, also nicht Heilung, wir sollten ja keine Heiler/Therapeuten sein" (D/908). Im Wesentlichen entsprechen die damaligen Grundzüge unserem heutigen Verständnis von Beratung. Unter der Voraussetzung der Freiwilligkeit der Inanspruchnahme wurde „zu Beginn der Beratung ein Beratungskontrakt geschlossen … mit dem Ratsuchenden, was will er erreichen, 'ne Zielvorstellung entwickelt … und dass in dem Beratungsgespräch, alles das, was besprochen wird, streng vertraulich bleibt … [und] dass die Beratung weder lenkt, noch … Vorschriften macht, noch Ratschläge erteilt" (F/296).

Den katholischen Fürsorgern ist durchaus bewusst, dass ihre damalige Ausbildung mit der staatlichen Fürsorgeausbildung und dem dort vermittelten Berufsverständnis nicht vergleichbar ist. Nach eigenen Aussagen gehörte

---

203 Stasi wird hier als Abkürzung für das Ministerium für Staatssicherheit/MfS verwendet.

Beratung zum festen Bestandteil ihrer Ausbildung. „Es gab ... Beratung ... [auch schon in] dieser Feld-, Wald- und Wiesen ... Fürsorge-Ausbildung, die die Leute gemacht haben" (E/245). Die Intensität der Auseinandersetzung mit dem Thema und das fachliche Niveau entwickelten sich dabei parallel zum Theoriediskurs der Sozialen Arbeit in der Bundesrepublik. „Die Fürsorge im kirchlichen Dienst, ...[war] eine weltoffene Ausbildung" (E/120). „Über die gesamte Zeit haben sich die Ausbildungsinhalte grundsätzlich [in der staatlichen und kirchlichen DDR-Fürsorgeausbildung] unterschieden" (F/195).

„Die katholische ... Ausbildung ..., wie auch die evangelischen Ausbildungsstätten, ..., haben nach den Vorbildern der Sozialarbeiterausbildung im Westen ausgebildet ... mit Westliteratur" (F/196). Neben allgemeinbildenden und fachspezifischen Fächern wie Deutsch, Geschichte, Soziologie, Philosophie, Religion, Moral, Ethik, Heilpädagogik, psychiatrische Grundlagen und eine „Schmalspur Medizinausbildung" (F/561) gab es einen großen praktischen Komplex für das Thema Selbsterfahrung. „Ich als Person beziehungsweise ... ich als Werkzeug ... in der helfenden Beziehung" (E/142). Fokussiert auf die fachliche Grundlagenausbildung zum Thema Beratung wurden folgende Themen bearbeitet: Die helfende Gesprächsführung im Fürsorgekontext, klientenzentrierte Interaktion und Beratung, gruppenmethodische Ansätze (wie das Phasenmodell der Gruppenentwicklung), Rogers, Schulz von Thun, Gorden und sein Konzept der Familienkonferenz, Konstraktionsanalyse, der tiefenpsychologische Ansatz nach Freud und die entwicklungspsychologischen Grundlagen. Ergänzend dazu war die Vermittlung rechtlicher Grundlagen ein zentraler Ausbildungsinhalt.

„Wir hatten [sonst] mit dem sozialistischen System überhaupt nichts zu tun, außer ... im Bereich des Sozialrechts natürlich, ... die Gesetzbücher der DDR [wurden] behandelt ... [damit] wir ... fit gemacht wurden für die Auslegung, so dass wir auch die Durchsetzung sozialer Rechtsansprüche wirksam ... leisten konnten" (F/201). Auch während der Berufstätigkeit erfolgte eine stetige Weiterqualifizierung für die Beratertätigkeit. Als ergänzendes Ausbildungsangebot gab es eine begrenzte Anzahl an Plätzen für die Ausbildung zum katholischen Ehe-, Familien- und Lebensberater. Abgesehen davon fanden im Rahmen der jährlichen Fürsorgerkonferenz Fort- und Weiterbildungsveranstaltungen auch im Hinblick auf das Thema Beratung statt. „Die ... Fürsorgerkonferenz der DDR, ... einer der großen Orte, wo also auch Fort- und Weiterbildungen [stattfanden] ... [immer mit der] neuesten Forschung, [den] neuesten Kenntnisständen" (E/ 801). „Die Dozenten ... kamen, ... sehr oft aus Westdeutschland ... beziehungsweise aus Österreich, aus der Schweiz, also aus dem deutschsprachigen Raum" (E/817). Inhaltliche Schwerpunkte waren: „Methoden der Gesprächsführung ... Umgang mit Behörden ... Umgang mit bestimmten psychiatrischen Diagnosen, also mit Psychosen oder mit … Verhaltensauffälligkeiten oder Verhaltensstörungen und … das ganze Feld … der politischen … Hintergründe, was Ausreise und so was anging" (F/930). Zusätzlich wurden die Fort- und Weiterbildungsangebote der Diakonie genutzt, beziehungsweise gemeinsam mit den evangelischen und katholischen Kollegen Veranstaltungen zu einem speziellen Thema selbst initiiert.

Die Vielfalt an Personen und Themen im Beratungsalltag der katholischen Fürsorger ist nach eigenen Aussagen der Befragten vergleichbar mit dem Spektrum der heutigen Allgemeinen Sozialberatung beim Caritasverband. Beraten wurden in erster Linie die Betroffenen selbst, „überwiegend erwachsene Personen … als Eltern oder allein lebende Menschen und Jugendliche auf dem Weg in die Selbstständigkeit" (F/378). Konkret gehörten dazu zum Beispiel Süchtige und deren Angehörige (in der Regel separat), Klienten, die ihre Lebenspartner verlassen wollten, Ausreisewillige oder Menschen, die mit dem politischen System in Konflikt geraten waren, beziehungsweise befürchteten, dass es zu Problemen kommen könnte, wenn ihre Schwierigkeiten im staatlichen Kontext bekannt würden. Sie suchten „ganz bewusst, … ein bisschen Distanz zum System, … und [haben] … dort 'ne spezielle Hilfe erhofft" (E/422). Diese Hilfe wurde zu einem nicht unerheblichen Teil von Menschen in Anspruch genommen, die sonst mit der Kirche nichts zu tun hatten. Zu den klassischen Themen gehörten zum Beispiel Erziehungsberatung, Berufswahl bei Jugendlichen, Eheberatung, Scheidung, Schwangerenberatung, Heimunterbringung im Alter (inklusive Haushaltsauflösung, Testamentsfragen – zum Teil mit der Kirche als Begünstigte), Alkoholismus, Arbeitslosigkeit, wirtschaftliche Probleme, Haftentlassung und damit verbundene Strafvollzugserfahrungen, psychische Grunderkrankungen, wie zum Beispiel Depressionen oder Psychosen, und Unterstützung bei der Durchsetzung von sozialen Rechtsansprüchen etc.

Ausgelöst wurde die Beratung entweder vom sozialen Umfeld der Betroffenen oder durch die Priester (als direkte Vorgesetzte) in den Gemeinden, in denen die Fürsorger tätig waren, mit der Information, dass die jeweiligen Personen vom staatlichen System nicht ausreichend Hilfe erfahren würden oder sonst persönlich in Schwierigkeiten wären. „Ob mal … 5 Mark fehlten oder der Sinn des Lebens abhandengekommen ist, das war das Spektrum der Beratung … [bis hin zu] Körperbehindertenerholung" (D/866).

Oder die Betroffenen haben von sich aus um Beratung und Unterstützung gebeten. Dabei waren in der Regel „Konflikte mit dem System … die häufigsten Anlässe für diese Art von Beratung" (F/362) oder „mit dem System Schule, Konflikte mit dem System der Ordnungsmacht, Konflikte mit dem Gesundheitssystem, Konflikte mit dem … Elternhaus" (F/367) oder „mit dem Wohnungsamt,

Arbeitsamt" (F/373). Am gravierendsten, neben den Repressalien, die das Stellen eines Ausreiseantrags direkt mit sich bringen konnten, waren die Auswirkungen des „Paragraphen der Asozialität, … dieser Paragraph war wie so 'ne Kehrmaschine, … viele Leute, die … weil die ja nicht angepasst … lebten, auf Grund von Asozialität also in den Strafvollzug gingen, es kamen etliche Leute … wieder zurück und in solchen Situationen … bin ich dann immer normalerweise angesprochen worden" (E/306). Auftraggeber in der Beratung war im Selbstverständnis der katholischen Fürsorger immer der Klient selbst. Selbst, wenn es „halb Zwangskontexte [gab] … [im Sinne von] Anruf von 'nem Pfarrer und der sagt, …, gehen Sie da mal hin" (F/413) oder das soziale Umfeld, Verwandte oder kirchliche Vertrauenspersonen den Anlass gegeben hatten. Diese Personen wurden nicht als Auftraggeber, sondern eher als Vermittler oder Initiator der Beratung verstanden. Die entscheidende Voraussetzung war und blieb die „freiwillige Inanspruchnahme, der Klient selber" (F/472).

Für die Einzel- oder Gruppenberatungen (zum Beispiel Selbsthilfegruppen beziehungsweise Gruppen in der Strafgefangenenhilfe) haben sich im Laufe der Jahre in der Fürsorgepraxis bestimmte Standards etabliert, die aber nirgends schriftlich und verbindlich festgehalten worden sind. Je nach Einsatzgebiet wurden durch die Fürsorger nach Bedarf Sprechstunden an verschiedenen Standorten (Pfarrhäuser, das eigene Büro, in den Caritassekretariaten etc.) angeboten. Überwiegend wurde aber direkt in der Häuslichkeit der Betroffenen beziehungsweise im Sozialraum der Familien beraten. „Das Beratungssetting war nicht in der Komm-Struktur, sondern in der Geh-Struktur" (F/288). Der Vorteil einer Beratung in einem neutralen Raum, innerhalb einer katholischen Gemeinde war, dass ein Mindestmaß der Anonymität für die Betroffenen gewährleistet werden konnte. Der Umfang der eigentlichen Beratungstätigkeit – „[sogenannte] Face to Face … Beratung" (E/475) – wird von den Befragten zwischen 30 Prozent und 50 Prozent eingeschätzt (hinzu kommen lange Fahrzeiten). Einer der Befragten schilderte in Bezug auf den weiteren Arbeitsbereich: „[Ich] könnte mir vorstellen, dass da 'ne ganze Menge an beraterischen Anteilen mit dabei gewesen oder es waren auch beraterische Anteile mit dabei, aber nicht im Sinne von einem Beratungssetting" (E/272).

Das praktische Vorgehen in einer Beratung konnte von den Fürsorgern unterschiedlich ausgestaltet werden, basierte aber auf entsprechendem „Grundlagenwissen …, [für die] … Beratungstätigkeit" (F/344). An klassischen Beratungselementen wurden benannt: In Ich-Form Sprechen, zirkuläres Fragen, das Verständnis von motivierender Gesprächsführung, Explorieren (im Sinne von noch mal nachfragen, ob der Sachverhalt richtig verstanden wurde) und das gemeinsame Suchen nach Lösungsmöglichkeiten, die den Bedürfnissen und

Fähigkeiten der Klienten entsprechen. „'ne klare Problemexploration, das war so die wichtigste Voraussetzung … [ich habe mich bemüht], in allen Situationen, …, zunächst vollständig wahrzunehmen und dann gemeinsam … zu Lösungen zu kommen und dabei … meine Wahrnehmungen, die ich gespiegelt habe … hilfreich für die Entwicklung [dem Klienten zur Verfügung zu stellen]" (F/347).

Ebenso vielfältig wie die Themen waren auch die Ziele der Beratung. Neben dem Lösen praktischer und wirtschaftlicher Probleme, wie Wohnungsbeschaffung, sinnvolle Arbeitssuche, Beantragung von Sozialleistungen etc., standen dahinter doch ganz grundlegende Zielsetzungen. „[Das Ziel war] individuelle Begleitung, … Betreuung, … Beratung, um mit dem [DDR-] System umgehen zu können, um sich in dem System bewegen zu können" (E/391). „[Es ging darum,] dass sie in ihrer Lebenssituation gestärkt werden, dass sie selbst Wege aus der Not finden und dass sie …, sich auch gegen andere zur Wehr zu setzen, meistens war das ja das System" (F/403). Anders als im politischen Kontext verordnet, ging es den katholischen Fürsorgern um „die Achtung vor der Individualität des Problems" (F/393) und einen individuellen Lösungsweg, der nicht zwangsläufig der favorisierte Weg der Fürsorger sein musste. „Denn wir tragen die Folgen der Entscheidungen nicht … also 'ne verantwortliche, saubere Trennung … ist ein gutes Beratungsziel" (D/938). Es ging darum, die Selbstwirksamkeitskräfte und die Handlungsautonomie wieder herzustellen, ohne eine Abhängigkeit von den Beratern zu erzeugen. Aufgrund der besonderen Umstände, unter denen die katholischen Fürsorger arbeiteten, und ihrer lebensweltlichen Nähe zu den Klienten fühlten sie sich aber nach Abschluss eines Beratungsprozesses in besonderen Fällen weiter verantwortlich für ihre Klienten, im Sinne einer Nachsorge. Beispiel: „[Bei einer] Heimunterbringung [ging es darum] … miteinander …, abzuklären, ob das die optimale Situation ist, … [es eine] andere Möglichkeiten [gibt] … [beziehungsweise ob die getroffene Wahl] die beste Möglichkeit … am Ort [ist]" (E/367). Waren es alleinstehende Personen, ging es dann weiter um „Kontakte, Beziehung[spflege] … zum Entgegenwirken einer Vereinsamung, aber auch [um] … 'ne gewisse Schutzrolle durch Präsenz … für diese Leute" (E/376).

Im besten Fall war die Folge eines solchen Beratungsprozesses, dass das gemeinsam gesetzte Ziel erreicht wurde, zum Beispiel die erfolgreiche Vermittlung eines Therapieplatzes in einer Klinik. „[Damit der Klient] auch nicht abgängig wurde, [bin ich] also dann [mit ihm] in die Klinik gefahren …, um den ganz einfach unterzubringen" (E/512). In wirtschaftlichen Notsituationen wurde in Einzelfällen zur Überbrückung, bis die staatlichen Mittel kamen, in einem geringen Umfang eine Alimentierung aus kirchlichen Mitteln gewährt. Eine Nachfolgestatistik oder eine entsprechende Nachuntersuchung zum Erfolg oder Misserfolg von Beratung gab es nicht. Komplette Beratungsabbrüche gab es eher sehr selten. „Bei manchen … war das echt nachhaltig, hat das wirklich was gebracht und war schön, … und … die anderen … bei denen die Hilfe alles nichts nützt, die gibt's ja auch … aber das ist ja der kleinere Teil" (F/768). Dokumentiert wurde von den Beratungen sehr wenig bis gar nichts, abgesehen von einer Karteikarte mit den Stammdaten und kurzen sachlichen Informationen zum Fallhintergrund, um im nächsten Gespräch entsprechend anschließen zu können. Nach eigenen Aussagen hatten die Fürsorger meist zwischen 70–75 Fälle, die zeitgleich betreut wurden. „Ich habe … nichts dokumentiert, außer … um meine eigene Unzulänglichkeit zu überwinden, dass ich etwas vergesse" (F/647) und das „nicht akribisch, sondern einfach nur, um es selber auch zu wissen. Die Karteikarten, …, sollten mich in die Lage versetzen, Gespräche und Gesprächsinhalte nicht zu vergessen und mich auf nächste Beratungsgespräche vorzubereiten" (F/660).

Kooperationen bestanden in erster Linie im innerkirchlichen Binnenraum. „Alle kirchlichen Mitarbeiter waren ein hervorragendes Netzwerk. Die Leute in den Gemeinden, Ehrenamtliche und engagierte Christen und Katholiken, waren ein tolles Hinterland, war 'ne schöne Vernetzung, hat Spaß gemacht" (F/786). Dazu gehörte auch das Netzwerk der evangelischen Kirche „Diakonie so auf einer kollegialen Stufe" (F/822). Die Kooperation mit staatlichen Stellen war nur bedingt möglich. Mit einigen Stellen, wie dem Amt für Soziales, dem Amt für Wohnen, Krankenhäusern und Ärzten oder der „Gesundheitsfürsorgerin in der Psychiatrie" (D/1455) bestand in der Regel ein guter Kontakt. Die Zusammenarbeit mit der „Abteilung Inneres war schwieriger, viel schwieriger" (D/1430). Ebenso schwierig, teilweise fast unmöglich, war die Zusammenarbeit mit dem Jugendamt. „Jugendämter waren no go, also in Jugendämtern ging nichts… Ja, das war politisch, also alles was mit Erziehung zu tun hatte, war … da wurden wir auch abgewiesen, hatten wir keine Möglichkeit der Mitsprache" (F/810).

Supervision und kollegiale Beratung, als klassische Reflexionselemente der Fürsorge, etablierten sich im Laufe der Zeit als feste Bestandteile der Arbeit. Allerdings waren regelmäßige Treffen mit den Kollegen aufgrund der großen Entfernungen der Arbeitsorte der Fürsorger immer schwierig umzusetzen. Häufig fand daher der dringend notwendige Austausch mit den evangelischen Kollegen aus dem direkten Umfeld statt. Dort konnten Einzelfälle besprochen und reflektiert und das weitere Vorgehen überdacht werden. „Supervision, Praxisberater, Coaching und solche Geschichten …, waren damals im Kommen …, ja wie ein hohes Gut, also wie ein neues Handwerk" (E/706). Zusätzlich gab es sechs Mal pro Jahr ein Regionaltreffen und die jährliche Fürsorgerkonferenz zum generellen Austausch über die aktuellen Situationen in den jeweiligen Arbeitsbereichen.

Aus der heutigen Perspektive äußerten alle katholischen Fürsorger, dass sie den Aspekt, eigene Grenzen wahrzunehmen, zum damaligen Zeitpunkt noch nicht beachtet haben. „[Eigene Grenzen] spielten gar nicht so 'ne Rolle, die wurden noch nicht so reflektiert ... oder verdrängt oder weggedrückt, vielleicht auch" (E/759). „Manchmal ... genügt ein heilsames Erschrecken ..., oh, was hast du denn da angerichtet, ... ist denn das das, was du vorhattest?" (D/1567). Generell gab es den Anspruch, die eigene Rolle und das eigene Verhalten in den Beratungssituationen kritisch zu reflektieren. „[Ich habe immer] überprüft, ... wie hoch mein Gesprächsanteil gewesen ist und wenn ich den für zu hoch befand, dann wollte ich das ... korrigieren" (F/530). Gleichzeitig fühlten sich die Fürsorger auch eingeschränkt in der Reflexion ihrer Einzelfallberatung, eben weil so selten gemeinsame Zeit für Supervision oder kollegiale Beratung war. „Die Reflexion der Einzelfälle ... [da] hab ich ... manchmal bedauert, mit niemandem reden zu wollen oder zu können ... wegen der Verschwiegenheitsverpflichtung" (F/847). Aufgrund der beruflichen Erfahrung als Fürsorger im kirchlichen Dienst erschien allen Befragten die kritische Selbstreflexion, aber auch ein kritischer Blick im Zusammenhang auf die gesellschaftlichen Verhältnisse, in denen sie agierten, als eine der wesentlichen Grundlagen ihrer Arbeit.

Da es für das Berufsbild der katholischen Fürsorge weder einen gesetzlichen Auftrag, noch eine festgelegte Aufgabenbeschreibung gab, waren die Fürsorger in der Gestaltung ihrer Arbeit relativ frei und konnten ihre eigenen Stärken und Interessen einbringen. „Vielleicht [habe ich] einmal im Jahr Besuch bekommen, von meinem Vorgesetzten ... [ich] konnte mich also völlig frei entfalten, also ob und wie viele Leute ich beraten habe, war einzig und allein meine Sache ... solange keine Klagen [kamen]" (F/234). Je nach Einsatzort und Bedarf ergaben sich inhaltliche Schwerpunkte durch die Gemeindestrukturen. „Ein Schwerpunkt, der an mich herangetragen wurde, war Seniorenarbeit ..., offene Seniorenarbeit und ..., [der] Bereich [der] Existenzsicherung ... [und] Menschen in besonderen sozialen Schwierigkeiten" (E/197). Die einzige, wesentliche Erwartung vom Arbeitgeber Kirche war: „Wir hatten eine innerkirchliche Verpflichtung, dass wir von besonderen Vorkommnissen unsere vorgesetzten Stellen ... zu informieren hatten, ... wenn sich jemand geoutet [hatte], als jemand der von der Staatssicherheit unter Druck gesetzt wird, als offizieller Mitarbeiter geworben zu werden oder verpflichtet zu werden" (F/617). In diesen Fällen wurde in der Regel der Bischof tätig, bat beim nächsten Gespräch mit der Staatssicherheit, dies zu unterlassen, wodurch für gewöhnlich keine weiteren Forderungen an den Betreffenden gestellt wurden.

Mitarbeiter im kirchlichen Dienst der katholischen Kirche zu werden, war eine bewusste Lebensentscheidung und prägte die eigene Haltung der Fürsorger maßgeblich. „[Wir hatten] 'ne abgegrenzte Philosophie ... zur Mehrheitsgesellschaft!" (E/403). „Ich war überzeugter Sozialarbeiter" (F/242). „Ich bin kirchlicher Mitarbeiter und ich kann als kirchlicher Mitarbeiter den Menschen etwas von ihrer Würde und von der Freiheit der Kinder Gottes geben und das ist etwas, was mich bis heute prägt" (F/274). Somit lag der Schwerpunkt in der Arbeit mit einzelnen Klienten, aber auch in Gruppen, darauf, das Gemeinschaftsgefühl zu stärken, zum kritischen Denken anzuregen und einen eigenen Standpunkt zu entwickeln. „Dieser freiheitliche Gedanke von, ... Beratungstätigkeit, das stand ja im krassen Widerstand ... zur administrativen ... sozialen Arbeit, also administrative Jugendhilfe und administrative Sozialhilfe, wo wirklich Leute gezwungen wurden, zu ihrem Glück ... oder gezwungen werden sollten, das hat sich verboten" (F/303).

Selbst wenn die eigene Haltung im inhaltlichen Widerspruch zum politischen System stand, ging es dennoch in der Arbeit mit den Klienten darum, einen sinnvollen Umgang mit den zum Teil einengenden und bedrückenden Umständen zu entwickeln und zu vermitteln. Die menschliche Würde, als das entscheidende Menschenrecht, musste dabei aber zwingend gewahrt bleiben. „Selbst wenn die [Klienten] nicht mehr an ihre Würde glauben ... wir sind es, die dran glauben müssen" (D/1844). Einer der Befragten formulierte dazu: „Ich fand es manchmal ... fast ein bisschen übergriffig, dass die Welt so klein war, in der wir gelebt haben, also, die Welt meiner Klientinnen und Klienten und die Welt der Kirche" (F/761).

Auch im Rahmen der katholischen Fürsorge wurde der Einfluss von Macht in verschiedenen Zusammenhängen wahrgenommen. In der eigenen Berufsrolle gab es das Bewusstsein, dass gerade in Beratungssituationen ganz klar ein Machtgefälle existierte, das nicht missbraucht werden darf. „Egal, wie viel Mühe ich mir gegeben habe auf Augenhöhe zu ... reden, die [Klienten] sind immer in der schwächeren Position, die wollten was von mir" (D/1597). Gleichzeitig wurde bedauert: „Wer einen Konflikt mit mir hatte, kam nicht wieder ... den konnte ich auch nie fragen, warum bist du nicht wiedergekommen?" (D/1599).

Die größte berufliche Unzufriedenheit ergab sich für die Fürsorger immer durch die nicht zufriedenstellenden Möglichkeiten oder sogar Unmöglichkeit einer Zusammenarbeit mit bestimmten staatlichen Stellen, wie der Staatssicherheit und dem Jugendamt. „Das behinderte mich [eindeutig], weil ich ... gerade, wenn es ... um Kinder und junge Menschen ... ging, keine Möglichkeit hatte, mit irgendjemandem vom Jugendamt irgendwas zu besprechen" (F/949). So beschrieb einer der Befragten die eigene eingeschränkte Wirkmächtigkeit zum

Wohle seiner Klienten und die Auswirkungen von staatlicher Macht auf sein berufliches Handeln: „[Macht spielte] eine große Rolle … aber von der anderen Seite her gedacht, also von der Ohnmacht her" (E/923). „Die Unfreiheit, in der wir lebten, …, war für viele sehr gut zu merken, [sie sind] ganz einfach an ihre Grenzen gestoßen … oder an die Grenzen … von außen, … und …[ich] glaube unter dieser Ohnmacht, dieser Macht, die andere also über sie hatten, haben … sie [vor allem] gelitten, mit denen ich zu tun hatte" (E/932). Gleichzeitig hatten die befragten Fürsorger das eindeutige Gefühl, dass es ihren Klienten gut getan hat, wenn sie merkten, dass sich die Fürsorger nicht so schnell vom Staat haben einschüchtern lassen.

Für die eigene Person als Berater war der Machteinfluss des politischen Systems präsent, wurde aber im Vergleich mit den Erfahrungen ihrer Klienten weniger stark als persönliche Einschränkung empfunden. „Mit Sicherheit wird das System … oder werde ich nicht frei gewesen sein [aber das stand nicht so im Vordergrund]" (E/949). Gerade im Hinblick auf die Verknüpfung von Macht und Angst bedeutete das: „Nee, gab's also … in dem Sinne nicht, … dafür war ich … vom System [zu] … weit weg" (E/871). Eher werden in diesem Zusammenhang die hierarchiebedingten Machtgefälle innerhalb der katholischen Kirche als begrenzend beschrieben, wenngleich sie auch als notwendiger Schutz bis zu einem bestimmten Punkt akzeptiert werden mussten. „Ich musste, wie andere auch, das System, also das politische System als Macht, aber auch das kirchliche System, als Hierarchie … akzeptieren … das … gebe ich zu, widerwillig, beides. [Es ging darum] das Undenkbare … [in so weit] zu respektieren, [das es möglich] machte … [das] Wägbare zu gehen. Letztlich [hat der Machteinfluss dann] nicht so sehr behindert" (F/985).

Die rechtlichen Grundlagen der katholischen Fürsorge – dazu gehören die Sozialgesetze der DDR, also das Zivilgesetzbuch, das Familiengesetzbuch, das Kinder- und Jugendhilfegesetz und das Strafgesetzbuch – waren die gleichen, wie im Bereich der staatlichen Fürsorge. Ausgesprochen der Paragraph 218 des Strafgesetzbuches der DDR – „Gefährdung der öffentlichen Ordnung durch asoziale Lebensweise" (D/1485) – bildete sehr häufig die Grundlage für die Inanspruchnahme der Beratung und Begleitung durch die katholische Fürsorge. Neben einer soliden Wissensvermittlung der rechtlichen Grundlagen in der katholischen DDR-Fürsorgeausbildung (sowie durch Fort- und Weiterbildungen), gab es für die Alltagspraxis der Fürsorger eine sogenannte fürsorgerische Handakte. „Die das ganze Soziale im Kinder- und Jugendhilferecht [– unter anderem –] der DDR in ein Kompendium brachte … [als] lose Blattsammlung, wo immer die neuesten Sachen eingearbeitet wurden und wenn man das Ding drauf hatte, dann war man jedem staatlichen Menschen gegenüber überlegen"

(D/1283). Diese Kenntnis von Recht und Gesetz galt nach dem christlichen Menschenbild als das zweithöchste Gut. Fehler in der Rechtsanwendung gingen immer zu Lasten der Klienten und sollten demnach möglichst durch eine gute Schulung vermieden werden. Eine rechtliche Grundlage zur Schweigepflicht hatten die katholischen Fürsorger ebenso wenig wie die staatlichen Kollegen. Das Bewusstsein zur Verschwiegenheit und die strikte Einhaltung datenschutzrechtlicher Bestimmungen waren jedoch ausgesprochen ausgeprägt.

„Die Frage nach der Schweigepflicht, da hatten wir …, ohne dass es definiert gewesen [wäre], das Gefühl … das läuft wie ein Beichtgeheimnis" (E/554). Wenn es zur Weitergabe von Informationen oder zur Überprüfung von persönlichen Daten kam, erfolgte das nur nach ausdrücklicher Zustimmung der Klienten. „Dann habe ich ihn gefragt, kann ich, darf ich das prüfen … [ja, dann hab ich] in der Abteilung Inneres angerufen … also dann nur zu seinen Gunsten … und mit seiner Zustimmung" (D/1314). Alle befragten Fürsorger bestätigten, dass sie während ihrer Tätigkeit in der DDR nie genötigt worden waren, Akteneinsicht zu gewähren oder unbefugt Informationen zu ihren Klienten preisgeben zu müssen. „Nee, nee, das haben sie [MfS] nie, das hat niemand probiert" (D/1351).

Das Verhältnis Kirche und Staat war von einer negativen Grundanspannung geprägt. Für die katholischen Fürsorger stellte das häufig eine „gewisse Ambivalenz [dar], auf der einen Seite eingeschränkt zu sein, [und] auf der anderen Seite frei zu sein" (E/847). Ihrer Wahrnehmung nach, hatte das politische System der DDR eine sehr enge Sicht auf den Menschen – was gut und richtig sei – und versuchte insbesondere durch den sehr restriktiven Umgang mit Menschen in schwierigen Lebenssituationen, diese in die „richtige Richtung" zu erziehen bzw. bewusst auszugrenzen. „Wenn jemand keine Chance haben sollte, dann sollte er keine Chance haben, ja und das hatten [zum Beispiel] die [staatlichen Fürsorger] … zu tolerieren und wir waren halt freier [uns unser eigenes Urteil zu bilden]" (F/210). Im direkten Kontakt mit dem MfS schilderte einer der Befragten: „Die hatten zum Teil so riesen Angst gehabt, wenn da jemand von der Kirche kam …, [zur] Abteilung Inneres, die haben sich immer sofort einen Zweiten geholt, damit sie einen Zeugen haben, weil sie Angst hatten" (D/771). Besonders schwierig war aus Sicht der Befragten, dass sie sich nie ganz sicher sein konnten, dass ihnen ihr eigenes Handeln – im Sinne eines normalen Beratungshandelns – nicht doch vom MfS als negativ und staatsgefährdend hätte ausgelegt werden können.

Die einzige Chance, die es in Konfliktsituationen „also mit staatlichen Stellen gab, [war] dass wir uns … also dann … hinter den Pfarrer oder innerhalb … der Caritas, also hinter den Direktor [zurückziehen konnten]" (E/568). Zum Teil ist den katholischen Fürsorgern nach eigenen Aussagen heute bekannt, dass sie auf sogenannten Internierungslisten für den politischen Ernstfall gestanden haben und als feindlich negative Personen eingestuft worden sind. Relativ sicher waren sich alle im katholischen Bereich Befragten, dass es Personen gegeben hat, die gezielt vom MfS auf sie angesetzt worden sind. Ein Beispiel: „Ich [hatte] … mal … mit einem Mann zu tun … der psychisch angeschlagen gewesen ist und … mich als Verbündeten suchte, … da war ich mir nicht ganz sicher gewesen, war das also jemand der … seitens des Staatssicherheitsdienstes auf mich angesetzt gewesen ist [oder nicht], also es war 'ne etwas kuriose Situation" (E/669).

Da die katholischen Fürsorger kein staatliches Mandat für ihre Arbeit hatten, sich theoretisch auch nur in wenigen Feldern der Sozialen Arbeit engagieren und nicht auf ihre Arbeit hinweisen durften, ist es schon beachtlich, dass dennoch ca. ein Drittel der Klienten von außerhalb des kirchlichen Umfeldes kamen und gezielt diese Institution als Gesprächspartner suchten. „[Ich hatte] das Beratungsschild an der Tür …, [also] an der Kirchentür, [von innen,] nicht draußen, [aber] … trotzdem [hatte ich] ein Drittel Nichtchristen drin, … sind dann Leute, Genossen, lieber zu uns gekommen, …, [die wussten,] wenn sie ihre Schwierigkeiten irgendwo in der parteinahen Beratungsstelle offenbaren, kriegen sie Ärger, [die DDR] … wollten nicht nichtfunktionierende Familien haben und nicht Leute, die saufen, … schlagen … oder sonst was, das war schädlich für den Ruf der Partei" (D/988). „Sie wollten uns die Leute, die Probleme haben, eigentlich … nur dann anvertrauen, wenn sie mit ihnen nichts mehr anfangen können, also Pflegeheime durften wir bauen, [um] geistig Behinderte durften wir uns auch kümmern …, bei Sucht war es schon schwieriger" (D/1688).

Ein renommierter Arzt der DDR hat laut Aussagen eines Befragten während einer Veranstaltung, bei der er anwesend war, im Zusammenhang mit Sucht in etwa geäußert: „Unsere guten Leute werden da der Kirche ausgeliefert, weil ich keine vernünftigen Strukturen für die Alkoholiker-Arbeit habe" (D/1693). Die besondere Herausforderung in der katholischen Fürsorgetätigkeit war die Balance zwischen besonnenem Vorgehen und offener Hartnäckigkeit und Klarheit gegenüber den staatlichen Institutionen. Es war ein schmaler Grat, sich für die Klienten einzusetzen und gleichzeitig so vorsichtig zu agieren, dass man nicht die eigene Arbeit oder sich selbst als Person in Gefahr brachte. „[Einmal] bin [ich] in Konflikt gekommen mit … [einem] Amt und hab da nicht lockergelassen und dann wurde dieser Fall weitergegeben [an das MfS] und mir wurde für den Bereich dieses Landkreises [ab sofort] untersagt, weiter soziale Arbeit zu machen … das zu meinem Leidwesen, auch abgestimmt mit dem Generalvikar, so dass ich das als Berufsverbot deklariert habe und dagegen angegangen [bin]" (F/492). „Ich … hab ja Leute unterstützt, die aus irgendwelchen Gründen, abseits vom System gewesen sind und die vom System nicht wahrgenommen wurden und …, sich für die einzusetzen, hieß immer, irgendjemandem auf den

Schlips zu treten, und das war schon, … etwas, was nicht einfach war und letzten Endes führte das ja auch … [zu], … dieser, … Tätigkeitsuntersagung [zumindest für eine gewisse Zeit]" (F/970).

7.4 Vergleichende Betrachtung

Im Folgenden werden die Ergebnisse der staatlichen wie der katholischen Fürsorgebereiche auf Gemeinsamkeiten und Unterschiede hin untersucht. Vorwegzunehmen ist, dass gerade im Hinblick auf die staatliche Fürsorge, aber auch für die katholische Fürsorge die folgenden Aussagen stark aus der Perspektive struktureller staatlicher Vorgaben des DDR-Systems her betrachtet werden. So können einzelne generalisierte Aussagen aus der Systemlogik heraus, durchaus vom konkreten Handeln der Fürsorger in der Praxis differieren. Diese Auswertung erhebt keinen Anspruch auf Vollständigkeit.

1. Verständnis von Beratung (Untercodes: Definition, Wer wurde beraten?, Auftraggeber, Form, Inhalt, Auslöser/Anlässe, Ziel, Umfang der Beratung im Berufsalltag, Dokumentation, Folgen der Beratung, Kooperationen, Reflexion):

In beiden Fürsorgebereichen fand – wenn auch unter unterschiedlichen fachlichen und inhaltlichen Voraussetzungen – *Beratung* als ein fester Bestandteil der Fürsorgetätigkeit statt. Innerhalb dieser Beratungsprozesse ging es in jedem Fall um das Erreichen einer vorher festgelegten Zielvereinbarung. Während im katholischen Kontext Beratung als eigenständiger professioneller Handlungsrahmen mit einem umfangreichen fachlichen Hintergrundwissen verstanden wurde, das in vielen Punkten mit dem heutigen Beratungsverständnis vergleichbar ist, gilt dies nicht für den staatlichen Fürsorgekontext. Weder der Begriff, noch die Vorgehensweise bzw. die Zielsetzungen sind vergleichbar. Während es im staatlichen Begleitungsprozess vorrangig um Austausch, Auflagenerfüllung, Kontrollabfragen und um Abrechenbarkeit ging und die Fürsorger auf „ihr" gutes Bauchgefühl – das „richtige" intuitive Vorgehen – angewiesen waren, verfolgten die Fürsorger im katholischen Bereich einen ganzheitlichen und individualisierten Beratungsansatz. Erklären lassen sich diese fundamentalen Unterschiede zum Einen durch die gänzlich unterschiedlichen Ausbildungen, zum Anderen – und das dürfte der schwerwiegendere Aspekt sein – durch die jeweiligen im Menschenbild begründeten Haltungen, von denen unterschiedliche Handlungsansätze und Handlungsaufträge abgeleitet wurden.

(*Wer wurde beraten?*) Wurden in beiden Fürsorgebereichen die Betroffenen selbst und bei Bedarf deren soziales Umfeld beraten, ergaben sich bei der thematischen Vielfalt und dem Beratungsklientel in der Beratungspraxis doch deutliche Unterschiede. Während die staatliche Jugendfürsorge bedingt durch ihren Arbeitsbereich in erster Linie Kinder, Jugendliche, Familien und alle Beteiligten, die mit den Betroffenen zu tun hatten, beriet, lässt sich der Kreis der Beratungssuchenden für die katholische Kirche schon schwerer eingrenzen. Und das, obwohl die Kirche eigentlich eine klare staatliche Einschränkung hatte, in welchen sozialen Feldern sie grundsätzlich tätig werden durfte. Der Schutzraum, den eine Beratung im Bereich der katholischen Fürsorge bieten konnte, ohne die Verpflichtung Informationen – welcher Art auch immer – an höhere Staatsstellen melden zu müssen, hatte immer dann eine hohe Attraktivität (für Mitglieder der katholischen Kirche wie auch Nichtchristen), wenn durch das Bekanntwerden von Problemen staatliche Repressalien zu erwarten gewesen wären. Da keine Verpflichtung zur Informationsweitergabe existierte, bestand für die katholische Fürsorge auch kein Grund in der Alltagspraxis, die Beratung nur auf den staatlich vorgegebenen Rahmen zu begrenzen, denn die eigentlichen *Auftraggeber* blieben die Klienten und diese brachten ihre persönlich relevanten Themen in den Beratungsprozess ein.

Obwohl beide Bereiche in der Praxis immer darauf bedacht waren, dass die Klienten als eigentliche Auftraggeber angesehen wurden, und die freiwillige Inanspruchnahme einer Beratung als Grundvoraussetzung für eine erfolgreiche Zusammenarbeit betrachteten (selbst wenn die Beratung von außen initiiert wurde), war es für die katholische Fürsorge ein Vorteil, dass sie nur ein Einfachmandat wahrnahm, während die staatliche Fürsorge in der Regel ein Doppelmandat auszufüllen hatte. Gerade durch das Einfachmandat konnte die katholische Fürsorge diese Schutzrolle einnehmen und tatsächlich individuelle Handlungsspielräume anders nutzen. Die staatliche Jugendfürsorge wurde durch ihren staatlichen Auftrag, der repressiv-bevormundenden Charakter haben konnte, eher als Gegner und weniger als Unterstützer und Begleiter wahrgenommen. In der praktischen Durchführung und *Form* gab es Übereinstimmungen in beiden Fürsorgebereichen, wie z.B. spezielle Sprechzeiten, Beratung in der Häuslichkeit, relativ wenig Dokumentation (allerdings aus unterschiedlichen Gründen) und den Anspruch eines wertschätzenden Umgangs mit den Betroffenen. Die gravierendsten Unterschiede ergaben sich im Umgang mit der Person und ihren Schwierigkeiten gegenüber Dritten. Während sich bei der Kirche im Laufe der Zeit professionelle Beratungsstandards für Einzel- wie auch Gruppenberatung etablierten und dabei Individualität, Anonymität und eine verbindliche Schweigepflicht zum Schutz der Persönlichkeitsrechte der Klienten zu den Grundpfeilern der Beratung wurden, gab es im staatlichen Kontext eher eine gegensätzliche Entwicklung. Es ging strukturell nicht um die Entstehung fachlicher Standards im Umgang mit den Betroffenen, sondern um Kontrolle,

die gleichzeitig die politische Gesinnung überprüfen musste. Die individuelle
Konfliktsituation war dabei eher zweitrangig.

Durch die Überzeugung, dass jeder Bürger in der Lage wäre, soziale Belange
in der Gesellschaft z.B. in den sogenannten Ehrenamtskommissionen bearbeiten
und klären zu können, wurden die Familien und ihre Problemsituationen zu einem
mehr oder weniger öffentlich ver- und behandelten Gegenstand. Die in den Kommissionen beteiligten Ehrenamtlichen waren in der Regel nicht nur fachfremd,
sondern lebten im gleichen Sozialraum wie die Betroffenen. Somit gab es für die
entsprechenden Familien in den konkreten Situationen kaum ernstzunehmende
Privatsphäre und schon gar keine Anonymität. Eher gerieten sie innerhalb dieser
Systemlogik in die Position eines Angeklagten, der sich gegenüber seinem Kollektiv rechtfertigen muss. Das entsprach zwar im weitesten Sinne dem ideologischen
Leitbild der DDR – das Individuum wird durch die Gesellschaft geformt – und
wurde gesellschaftlich wenig in Frage gestellt, führte aber durch das öffentliche Zur-
Schau-Stellen mitunter zu einer entwürdigenden Situation – gerade, wenn sich die
Problemlagen nicht schnell und einfach durch die erfolgreiche Unterstützung des
Kollektivs beheben lassen konnten.

Die Betroffenen hatten nur die Wahl sich anzupassen oder die Ächtung der
Gesellschaft zu ertragen, was in der Regel aber nur zu immer härteren Sanktionen führte, da es ja als Beweis für die schädliche Unangepasstheit an das System
gewertet wurde, die es mit aller Härte zu beseitigen galt. Der einzelne Mensch als
Person und die Gründe für sein Verhalten waren innerhalb dieser Systemlogik beinahe irrelevant – er musste der klaren Erwartung entsprechen, durch sein Handeln
der produktiven Gesellschaft zu nutzen. „Das möchte ich gar nicht mehr erzählen,
das war ja wirklich grauselig" (C/297). „[Das war] ein großes Verbrechen …, dass
Leute mit ihren Defiziten in der Öffentlichkeit angeprangert wurden und dargestellt
wurden und … die Diffamierung von Ausreisewilligen oder so was, die pauschale
Verurteilung, das ist etwas, was ich … auch heute noch nicht gut finde" (F/395).
Der wirtschaftliche Fortschritt galt als Königsweg für die positive Entwicklung der
sozialistischen Gesellschaft und war gleichzeitig Grundlage für die gelingende Entwicklung des einzelnen Menschen zur sozialistischen Persönlichkeit.

„Individuelle Entwicklung und Entfaltung war an den kollektiven Fortschritt
gebunden und Ausdruck bzw. Gradmesser des sozialistischen Fortschritts. In
einer solchen Perspektive bedeutet dies, dass sich Individuum und Kollektiv
wechselseitig harmonisch ergänzen und dem gesellschaftlichen Ziel einer voll

entwickelten sozialistischen Gesellschaft bzw. sozialistischen Persönlichkeit zustrebten."[204]

Auch unter den Untercodes *Inhalt* und *Auslöser* lassen sich Gemeinsamkeiten finden, die aber aus denselben Gründen sehr unterschiedlich bewertet und bearbeitet wurden. Der Ausgangspunkt war für beide Fürsorgebereiche gleich: Es gab einen oder mehrere Menschen, die sich in einer materiellen oder persönlichen Notlage befanden und Hilfe von außen benötigten, um ihre individuelle Situation wieder verbessern zu können. In der katholischen Fürsorgeberatung ging es um Schwierigkeiten mit dem System oder dem Paragraphen 218 StGB, Eheprobleme, Sucht oder auch psychische Erkrankungen. Der Zugang war immer derselbe – eine individuelle Problemanalyse und eine gemeinsame Suche nach realistischen Lösungswegen. Der einzelne Mensch stand im Mittelpunkt und sollte befähigt werden, mit seinen Schwierigkeiten innerhalb des politischen Systems umgehen und ein selbstbestimmtes Leben führen zu können.

Im Bereich der staatlichen Jugendfürsorge ging es unter anderem um Themen wie: Kinderschutz, Ehe, Scheidung, Sorgerecht, Verhaltensauffälligkeiten bei Kindern und Jugendlichen, Erziehungsberatung, Erfüllung von Präventionsauflagen etc. Aber hier ging es in erster Linie um schnelle Problemlösungen und eine erfolgreiche Wiederanpassung an das Kollektiv, in der Regel durch das Anordnen und Festlegen von Maßnahmen, die von außen kontrolliert werden konnten. Das konnten positive Dinge sein, wie die Aufnahme in eine Sport AG oder die konkrete Unterstützung von Nachbarn. Es gab aber auch die Option, harte Konsequenzen anzukündigen, wenn das (scheinbar) negative Verhalten nicht aufhört. In diesem Fall wurde zu Überprüfung der Einhaltung dieser Anordnungen die soziale Kontrolle durch das Kollektiv bewusst mit eingebunden. Mit der Androhung von Sanktionen wurde eine entsprechende Drohkulisse aufgebaut, um eine Verhaltensänderung herbeiführen zu können, damit die korrekte vordefinierte Entwicklung zur „allseitig entwickelten sozialistischen Persönlichkeit" sichergestellt werden konnte. Scheiterte einer der Betroffenen an den Umsetzungen der angeordneten Auflagen, wurde das ausschließlich der Person selbst angelastet.

„Das Scheitern der Hilfestrategien wird dann dem Problembetroffenen und nicht der Unangemessenheit der Intervention angelastet."[205] Somit war die angeordnete Hilfeleistung nicht nur erfolglos, sondern konnte dem Betroffenen persönlich massiv schaden. Die eigentlichen Ursachen wurden weder

---

204 Müller, Monika: *Von der Fürsorge in die Soziale Arbeit*, 55.
205 Müller, Monika: *Von der Fürsorge in die Soziale Arbeit*, 66.

reflektiert noch evaluiert. So wollten beide Fürsorgebereiche zwar das gleiche *Ziel* erreichen, nämlich eine Problemlösung, nur ging es im katholischen Kontext dabei um Empowerment, Persönlichkeitsstärkung, nachhaltige Befähigung, Selbstständigkeit und Unabhängigkeit vom Berater, während es im staatlichen Fürsorgebereich zumindest auf der strukturellen Ebene um eine angeordnete Auflagenerfüllung und Verhaltensanpassung ging.

Die Mitarbeiter der staatlichen Jugendfürsorge erlebten nicht selten große Widersprüche zwischen den staatlichen und ihren eigenen Erwartungen, die sie unabhängig von ihrer inneren Haltung in der Arbeit mit den Klienten einfach aushalten mussten. Selbst wenn die Fürsorger den Anspruch hatten, durch eine individuelle Hilfestellung zum Beispiel eine Heimunterbringung von Kindern zu verhindern, mussten sie vorrangig die rechtlichen und formalen Bedingungen einhalten und erfüllen, gegebenenfalls sogar ohne eigene Handlungsspielräume Anordnungen von „Oben" ausführen. Sie waren ein Stück weit in der Rolle des ausführenden Staatsorgans „gefangen" und konnten wenig bis gar keine Kritik daran laut äußern, ohne selbst in Schwierigkeiten zu geraten. Entstanden soziale Probleme, war dies immer die Schuld des Einzelnen, das Gesellschaftssystem hatte damit nichts zu tun; zumindest durfte eine derartige Überlegung im staatlichen Kontext nicht zugelassen oder laut ausgesprochen werden. „Eine Sichtweise, dass diskrepante individuelle Entwicklungen auch zum Wohle einer Gesellschaft beitragen können und legitime Hintergründe haben, … [konnte] nicht zugelassen werden. Diese Sozialformschematisierung der DDR-Gesellschaft hatte ihre humane Seite, sie konnte aber auch die individuelle Entwicklung und biografische Entfaltung drastisch einschränken."[206]

Der *Umfang der Beratung im Berufsalltag* wurde in beiden Fürsorgebereichen mit einer gewissen Schwankung angegeben. Obwohl für den staatlichen Bereich Beratung zunächst nicht als eigenständiger Tätigkeitsbereich benannt werden konnte, wurde der Anteil an beratenden Tätigkeiten von „gar nicht" bis hin zu 75 Prozent der Gesamtarbeitszeit doch von einem Teil der Fürsorger hoch eingeschätzt. Für die katholische Fürsorge fällt die Schwankung geringer aus – sie beträgt hier nur zwischen 30 und 50 Prozent der Gesamtarbeitszeit. Diese prozentuale Einschätzung ergibt sich aus den unterschiedlich langen Fahrtzeiten und den verschiedenen inhaltlichen Arbeitsfeldern, abhängig vom Arbeitsort. Die enorme Schwankung im staatlichen Fürsorgebereich lässt die Vermutung zu, dass es rückblickend schwierig ist einen Arbeitsbereich beurteilen und bewerten zu können, der zum damaligen Zeitpunkt nicht bewusst wahrgenommen

206 Müller, Monika: *Von der Fürsorge in die Soziale Arbeit*, 56.

worden ist und für den es keine andere fachliche Qualifikation gab, als die eigene berufliche Selbsterfahrung im Umgang mit den Klienten, die die eigene Haltung und persönliche Verfahrensweise geprägt hat.

Dokumentation war in beiden Fürsorgebereichen wenig bis gar nicht vorhanden und oblag der bewussten individuellen Entscheidung der Fürsorger. Im katholischen Fürsorgebereich existierten lediglich Karteikarten mit den wesentlichen Informationen zur Person und zum Beratungsanlass. Diese Informationen dienten hauptsächlich der eigenen Vor- und Nachbereitung der Beratungsgespräche. Inhalte, die durch das Bekanntwerden den Klienten nachteilig hätten ausgelegt werden können, wurden zum Schutz für beide Seiten nie dokumentiert. Obwohl es für die staatliche Jugendfürsorge bestimmte verbindliche Richtlinien zur Dokumentation der Prozessbegleitung gab, lag es dennoch im Ermessen der einzelnen Fürsorger, was und in welchem Umfang dokumentiert wurde.

Alles, was schriftlich festgehalten wurde, konnte die *Folgen einer Beratung* maßgeblich beeinflussen. Wie oben bereits angedeutet, führte eine systematisch vorgesehene Analyseschwäche des Fürsorgesystems auch zu einer gewissen Handlungsschwäche. „Fallbezogene Analysen, die ja immer auch die Ursachenbedingungen der jeweiligen sozialen Problemlage mit einbeziehen – und damit eine systematische Fallbetrachtungsweise überhaupt erst ermöglichen, waren unter … [den] Handlungsbedingungen [der DDR-Jugendfürsorge] beruflich nicht zu verankern. Fehlen aber fallbezogene Analysen, so kann folglich auch eine Prozessorientierung im beruflichen Handeln nicht [wirklich] entstehen."[207] Die Suche nach dem Lösungsweg und die Ausgestaltung der Hilfeangebote hingen in beiden Fürsorgebereichen davon ab, welche Zielsetzung es gab, aus welchem theoretisch-ideologischen Hintergrund heraus agiert wurde.

Im besten Fall hatte dieser Hilfeprozess zur Folge, dass sich die persönliche Situation des Betroffenen verbesserte. Wenn allerdings, wie im staatlichen Jugendfürsorgebereich, kein theoriebasiertes Arbeitskonzept existiert, außer einem repressiven, kontrollierenden und bevormundenden Grundgerüst, das durch den Staat vorgegeben wird, in dem ausschließlich Vorgaben ohne individuelle Erkenntnisprozesse abgearbeitet werden sollen, kann nicht wirklich (zumindest im theoretischen Kontext) von einer Prozessorientierung gesprochen werden. Durch die im System angelegte Problemveröffentlichung im Sozialraum und durch die kollektive Beteiligung des Lebensumfelds kann zwar eine Verhaltensänderung oder Verbesserung der Lebensumstände und somit das Ziel erreicht werden, dass zum Beispiel Kinder in der Familie bleiben dürfen. Dies

---

207 Müller, Monika: *Von der Fürsorge in die Soziale Arbeit*, 61.

muss aber weder eine Bewusstseinsveränderung initiieren, noch den subjektiven Leidensdruck der Betroffenen verbessern. Im generellen Selbstkonzept der staatlichen Jugendfürsorge ging es vorrangig immer um den Ausgleich eines materiellen, gesundheitlichen oder strukturellen Mangels ohne den Anspruch, den Hintergrund des Problems tatsächlich zu analysieren (dies war explizit nicht erwünscht). Es ging darum, für den Klienten etwas zu klären und nicht um Selbstbefähigung oder selbstständiges Tätigwerden.[208]

ABER: In der Beratungsrealität gab es sehr wohl engagierte Fürsorger, die einen sehr individuellen Ansatz verfolgten und innerhalb des Systems versuchten, für die Betroffenen das Bestmögliche zu erreichen und eben nicht nur, wie es das System erwartete „Pflichterfüllung und Anpassung" verfolgten. „Gesetze umgehen, [das war] ganz wichtig … (lacht) … ganz, ganz wichtig. Ja und ansonsten, was sollte man tun, … ich [habe] oft gesagt … Mensch Mädel, pass auf, ich möchte nicht, dass du ins Heim kommst, du möchtest nicht, dass du ins Heim kommst, tu … mach doch wenigstens, erfülle doch die Auflagen, die der Jugendhilfeausschuss dir gegeben hat, wenigstens die … die fragen wir ab, ich will überall hinschreiben können, ja du hast das alles gemacht, geh doch zur Schule" (A/848). In der Praxis haben also staatliche Fürsorger durchaus ebenfalls im Rahmen ihrer Möglichkeit auf die individuellen Problemlagen geschaut und ebenfalls versucht, auf den einzelnen Menschen hin orientiert Selbstbefähigung und eine Verbesserung der persönlichen Lebenssituation zu erreichen.

Die katholische Fürsorge war durch ihre exklusive Positionierung innerhalb und gleichzeitig außerhalb der DDR-Gesellschaft und durch ihre klienten- und ressourcenorientierte Haltung anders ausgerichtet. Im besten Fall wurde hier ein guter Weg für die Klienten gefunden, sie wurden in ihrer Persönlichkeit gestärkt und haben ihre eigene Handlungsfähigkeit zurückerhalten, selbst dann, wenn der eigentliche Sachverhalt nicht vollständig zu ihrer Zufriedenheit geklärt werden konnte.

In beiden Fürsorgebereichen waren *Kooperationen* ein wesentlicher Grundpfeiler für den Erfolg in der Arbeit mit den Betroffenen. Insbesondere ohne die Unterstützung der vielen Ehrenamtlichen und deren eigenen Netzwerken wäre ein Großteil der erfolgreichen Fürsorgearbeit nicht möglich gewesen. Zwischen der staatlichen Jugendfürsorge und der katholischen Fürsorge selbst bestand allerdings keinerlei Kooperation, zum Teil war die gegenseitige Existenz nur vage bis gar nicht bekannt.

---

208 Beispiel: Nicht selbst eine Wohnung suchen, sondern im Amt seinen Bedarf anmelden und es wird eine Wohnung zugewiesen.

Während die katholische Fürsorge überwiegend binnenkirchliche Kooperationspartner hatte – darin inbegriffen die Kollegen und Institutionen der evangelischen Kirche – und nur gezielt mit einzelnen staatlichen Ämtern oder Ärzten zusammenarbeiten konnte, war ein konstruktiver Austausch mit dem Amt für Inneres und allem, was im weitesten Sinne mit Erziehung und Bildung zu tun hatte, undenkbar. Die hauptsächlichen Kooperationspartner der staatlichen Jugendfürsorge waren die Jugendhilfekommissionen und Jugendhilfeausschüsse, sowie andere Behörden, darunter das MfS, der jeweilige Abschnittsbevollmächtigte (ABV) oder andere staatliche Stellen und Institutionen, wie Schulen, Kindergärten oder auch die Betriebe der Betroffenen. Eine offizielle Zusammenarbeit mit kirchlichen Stellen war für die Jugendfürsorge aus politisch-ideologischen Gründen nicht möglich. Die Kirche galt als reaktionär und durfte keinen Einfluss im Bereich der Kinder- und Jugendarbeit ausüben, dies war ausschließlich dem Staatsapparat vorbehalten.

Reflexion als professionelles Instrument der Fürsorgeberatung hatte in beiden Fürsorgebereichen, zum Einen aus zeitlich-organisatorischen Gründen, zum Anderen aus mangelnder Fachlichkeit, im Berufsalltag wenig Raum, was aus heutiger Perspektive durchaus bedauernswert ist. Für beide Bereiche war insbesondere der kollegiale Austausch bzw. die kollegiale Beratung mit den Kollegen – in dem begrenzten Rahmen, in dem sie überhaupt möglich waren – der entscheidende Impuls, um das eigene berufliche Handeln zu überprüfen oder weitere Handlungsschritte besser begründen zu können. Das Wahrnehmen von eigenen Grenzen spielte zum damaligen Zeitpunkt in beiden Bereichen keine besonders große Rolle. Während in der katholischen Fürsorge der Stellenwert einer professionellen fachlichen Reflexion immer größer wurde, war im staatlichen Kontext eine derartige Reflexion weder vorgesehen noch erwünscht. Die im Prinzip nichtexistierende professionelle Reflexion des beruflichen Handelns im staatlichen Bereich verhinderte oder erschwerte zumindest die Entwicklung eines tatsächlichen Problembewusstseins. Die im katholischen wie staatlichen Bereich gewonnenen Erkenntnisse zu gesellschaftlichen Fragen und dem konkreten fachlichen Handeln konnten und durften nicht in den gesellschaftlichen Diskurs einfließen. Es blieb auch hier in der Verantwortung der einzelnen Fürsorger, was sie mit ihren gewonnenen Erkenntnissen anfingen. „[Reflexion hat] mir … sehr geholfen [und] auch konfrontative Methoden im Umgang mit Klienten anzuwenden und … ich freue mich darüber, dass ich so streitbar bin, dass ich keine Angst davor hab, dass ich auch niemandem was übel nehmen muss, auch wenn ich beleidigt werde oder … wenn ich missverstanden werde oder so und das, ich würde das für [mich] … als Stärke bezeichnen, aber viele meiner Mitleute, sehen da 'ne Schwäche" (F/900).

2. Relevanz von Beratung in der Ausbildung, Weiterbildung, Fortbildung:

Für diesen Themenkomplex lassen sich keine Gemeinsamkeiten identifizieren. Im katholischen Fürsorgekontext kann dem Thema Beratung eine hohe Relevanz zugeordnet werden, sowohl im Bereich der Ausbildung als auch in der Fort- und Weiterbildung. Ziel war, neben einer Grundlagenvermittlung, basierend auf den Grundzügen des christlichen Menschenbildes die Entwicklung einer eigenen Haltung und eines fachlichen Beratungsverständnisses. „Also wer [zusätzlich] eine [katholische] Ehe-, Familien- und Lebensberatung gemacht hatte, ..., [der] hatte schon also einen besonderen Status und ... [hatte eine ganz besondere] ... Qualifikation" (E/233).

Da im gesamten Fürsorgewesen der DDR – nicht nur in der Jugendfürsorge – eine kritische Reflexion der eigenen Berufsrolle und der gesellschaftlichen Rahmenbedingungen weder vorgesehen, noch erwünscht oder gestattet war, fehlt diesem ganzen Bereich ein Stück der eigenen beruflichen Identitätsfindung. „Die Aktivitäten in der beruflichen Fürsorge waren funktions- und bereichsspezifisch definiert. Es existierte keine um Kernaktivitäten und Kernwissensbestände zentralisierte berufliche Organisation."[209] Der selbst- und gesellschaftskritische Output aus allen drei staatlichen Fürsorgebereichen war wenig aussagekräftig.

3. Eigene Haltung

Unabhängig von den äußeren (politischen wie spirituellen) Rahmenbedingungen waren zumindest alle Befragten Fürsorger aus Leidenschaft – trotz oder gerade wegen der Umstände. Alle hatten eine klare berufliche Haltung und ein professionelles Selbstverständnis mit dem Anspruch, ihr jeweiliges Gegenüber unabhängig von Stand und Ansehen ernst zu nehmen, wahrzunehmen und ihm respektvoll zu begegnen. Der Mensch stand für beide Fürsorgebereiche im Mittelpunkt der Arbeit und beide erlebten die äußeren Umstände als begrenzend und zum Teil sehr hinderlich.

Unabhängig von der Beratungstätigkeit war die Berufswahl, Mitarbeiter im kirchlichen Dienst zu werden, eine ganz bewusste Lebensentscheidung, die Vor- und Nachteile mit sich brachte. Fürsorger in der katholischen Kirche zu sein, bedurfte einer andauernden kritischen Auseinandersetzung mit der eigenen beruflichen Identität und den politischen Gegebenheiten. Die bewusste ethische Gegenpositionierung zum bestehenden politischen System forderte eine ausgezeichnete Kenntnis von Recht und Gesetz einerseits, andererseits aber auch

---

209 Müller, Monika: Von der Fürsorge in die Soziale Arbeit, Opladen 2006, 42.

immer wieder das erneute Überprüfen der eigenen Haltung und des eigenen Handelns, ob es mit den christlichen Maßstäben noch übereinstimmte. So lautete eine der Maximen der Befragten: „Jeder Mensch mit seinen Problemen ist absolut zu setzen, man kann die Probleme nicht vergesellschaften, also auch nicht verallgemeinern" (F/394).

Bischof Wanke fasste dies rückblickend in Bezug auf die Entwicklung von Beratung anlässlich des 20jährigen Bestehens der katholischen Ehe-, Familien- und Lebensberaterausbildung folgendermaßen zusammen: „Beratungsangebote […] wollen helfen, Menschen in ihrem psychischen und sozialen Umfeld zu stabilisieren. Die Kirche bringt sich in diesen Dienst am Menschen mit ein, weil ihr daran liegt, dass menschliches Leben gelingt. Nicht zuletzt ist es der christliche Glaube, der zu solchem Dienst motiviert. Dort wo Jesus Christus den Menschen berührt, kann dieser sich aufrichten und neuen Mut fassen."[210]

Die staatlichen Fürsorger sahen sich in der Alltagsrealität oft mit multiplen Problemlagen konfrontiert, bei denen ungünstige gesellschaftliche Bedingungen klar zum Tragen kamen. Aber Fürsorge hatte sich nicht mit gesellschaftlichen Verwerfungen und ihren sozialen Folgen zu beschäftigen, sondern hatte ohne Widerspruch ihren staatlichen Auftrag zu erfüllen – die Wiederherstellung von angepasstem Verhalten nach Recht und Gesetz.

„In dem Maße wie die Bearbeitung sozialer Notlagen und Probleme nicht wirklich an eine Berufsgruppe delegiert worden ist, waren echte Hilfeansätze, d.h. fallorientierte, an den wirklichen Problemlagen ausgerichtete Hilfearbeit, in der individuelle und soziale Problemlagen und ihre sozialräumlichen und -strukturellen Ursachen benannt worden sind, nicht vorhanden."[211] In der Praxis der Jugendfürsorge waren diese Diskrepanzen zwischen den offiziellen Verlautbarungen und den realen Notlagen der Menschen deutlich sichtbar. Dem begegnete man damit, dass man öffentlich nicht dagegen rebellierte, sondern die offiziellen Kategorien und den Sprachduktus der SED-Regierung verwendete und damit deren Fortbestand sicherte, gleichzeitig aber wie selbstverständlich davon ausging, dass das „letztlich keinen Einfluss auf die Qualität guter Hilfearbeit habe. Die faktische Fürsorgearbeit, die getan wurde, sei eine andere, eher inoffizielle gewesen, die sich jenseits der Verlautbarungen der SED entwickelt

---

210 Bischof Wanke, J.: *Grußwort anlässlich 20 Jahre Katholische Ehe-, Familien- und Lebensberatung im Bistum Erfurt*. In: *20 Jahre Katholische Ehe-, Familien- und Lebensberatung im Bistum Erfurt, Dokumentation*, Erfurt 1998, 5 f. Zitiert nach: Fischer, Martin: *Dienst an der Liebe*, 1.

211 Müller, Monika: *Von der Fürsorge in die Soziale Arbeit*, 67.

habe."[212] So wurden zum Teil Rechtsgrundlagen bewusst umgangen oder sehr weit ausgedehnt, um die Situation zugunsten der Klienten bearbeiten zu können. Nicht selten derartig grenzwertig oder auch rechtsverletzend, dass im Falle einer Aufdeckung mit entsprechenden rechtlichen Konsequenzen gegen die Fürsorger hätte gerechnet werden müssen.

4. Erwartungen von außen

An beide Fürsorgebereiche gab es die klare Erwartung von außen, dass sie Menschen in schwierigen materiellen oder persönlichen Lebenslagen durch ihre Beratung hilfreich zur Seite stehen. Die individuelle Form und Ausgestaltung dieses Beratungssettings wurde von den jeweiligen Fürsorgern eigenständig festgelegt. Solange dieses Vorgehen nicht an anderer Stelle negativ auffiel, konnten die Fürsorger in beiden Fürsorgebereichen unter bestimmten Rahmenvorgaben frei und eigenverantwortlich agieren. Die staatliche Jugendfürsorge – aber auch die Gesundheits- und Sozialfürsorge – befanden sich innerhalb des politischen Systems in einer merkwürdigen Rolle. Einerseits hatten sie einen klaren Staatsauftrag und waren in gewisser Weise allgegenwärtig, langfristig im sozialistischen Gesellschaftskonzept aber nicht vorgesehen und nicht erwünscht. „Durch den Führungsanspruch sowie die proklamierte Definitionshoheit der SED im Bereich des Sozialwesens fielen soziale Problemlagen weitgehend direkt und unmittelbar in den Zuständigkeitsbereich der Partei. Die erklärte Allzuständigkeit der SED hatte zur Folge, dass die berufliche Fürsorge der DDR, soweit sie staatlich organisiert war, eine marginale Position im Gesamtsystem sozialer Versorgung einnahm."[213]

Die Jugendfürsorge hatte in ihrer Arbeit vereinfacht gesagt, im Sinne der sozialistischen Ideologie nach rechtlichen Vorgaben, auf der Basis von Kontrolle und Anordnungen, die Vorgaben des Staates umzusetzen. „Man konnte sich das Leben leicht machen, indem man nur nach den Vorgaben gearbeitet hat, … diese Kontrolltätigkeit ausgeführt hat … aber ich muss sagen, zwei Drittel der Leute, die bei uns gearbeitet haben, haben anders gearbeitet" (A/835). Da es für die katholische Fürsorge kein staatliches Mandat gab und von kirchlicher Seite für das Berufsfeld der Fürsorge im Prinzip keine differenzierte Arbeitsplatz- und Aufgabenbeschreibung existierte, ergaben sich äußere Erwartungen in erster Linie durch das christlich-karitative Selbstverständnis als Handlungsgrundlage in der Arbeit mit den Klienten.

---

212 Müller, Monika: *Von der Fürsorge in die Soziale Arbeit*, 67.
213 Müller, Monika: *Von der Fürsorge in die Soziale Arbeit*, 42.

Die einzige wirklich wesentliche Erwartung der katholischen Kirche an die Fürsorger war, sich an die offizielle Sprachregelung im Umgang mit Behörden zu halten, beziehungsweise Informationen an die Kirchenleitung weiterzugeben, wenn ihre Klienten von der Staatssicherheit unter Druck gesetzt wurden. Dies ermöglichte der Kirche gegenüber dem Staat „mit einer Stimme" sprechen zu können, reduzierte so das Risiko von Missverständnissen und versuchte auf diese Art und Weise, die Angriffsfläche für Manipulationsversuche durch das MfS zu minimieren. Gleichzeitig sollte es die Mitarbeiter vor den möglichen Repressalien des Staates schützen, wenn es Konflikte gab. Die Kirche als Arbeitgeber sah sich in der Pflicht, sich für ihre Mitarbeiter nachhaltig einzusetzen, sollte es nötig sein.

5. Macht

Sowohl die Fürsorger aus dem staatlichen, wie auch dem katholischen Umfeld haben den Einfluss von Macht in den unterschiedlichen Ausprägungen in ihrer beruflichen Tätigkeit wahrgenommen. Das beinhaltet die eigene Rolle als Berater, die Auswirkungen für ihre Klienten, den Einfluss auf ihr persönliches Leben etc. Für die Fürsorger im katholischen Bereich spielte Macht insbesondere in zwei Bereichen eine größere Rolle. Zum Einen gab es das ständig existierende Machtgefälle durch den Wissensvorsprung in der Beratung, das es stets kritisch zu hinterfragen galt und zum Anderen das Gefühl der Ohnmacht, wenn sie mit ihren Versuchen, den Klienten zu helfen, durch die äußeren Rahmenbedingungen massiv eingeschränkt wurden.

Für die eigene Person stellte diese Lebensentscheidung, Mitarbeiter im kirchlichen Dienst zu werden, zwar auch eine Einschränkung dar, garantierte auf der anderen Seite aber eine bestimmte innere Freiheit. Durch die bewusste Auseinandersetzung mit dieser partiellen Einschränkung ahnten sie, worauf sie sich einließen und hatten weniger das Gefühl von einer äußeren Macht unterdrückt und persönlich begrenzt zu werden. Durch diesen hohen reflexiven Anteil konnten sie eine innere Distanz und Freiheit schaffen, auch zu den Machthierarchien innerhalb der katholischen Kirche, die durchaus infrage gestellt wurden.

Die staatlichen Jugendfürsorger nahmen schon in ihrer beruflichen Tätigkeit eine größere Ambivalenz zum Thema Macht wahr. Einerseits konnten sie durch ihre Befugnisse als ausführendes Staatsorgan selbst große Macht ausüben und spürten die positiven und negativen Folgen im direkten Umgang mit den Klienten, waren aber auch in eine Machthierarchie eingebunden, die sie selbst zum Teil ohnmächtig werden ließ. Mit dem Abstand und dem Wissen von heute wird der Einfluss von Macht in seinem ganzen Umfang erst richtig erkannt und reflektiert. Im Rahmen dieser Auseinandersetzung entstand der Eindruck, dass das Thema Macht in seiner direkten Auswirkung im staatlichen Kontext deutlich stärker wahrgenommen wurde, als im katholischen Bereich. Möglicherweise spielt dabei zumindest für den staatlichen Bereich die Rollen- und Aufgabenzuschreibung durch den Staat eine entscheidende Rolle, eben weil diese festlegte, wer wann welche Hilfe (bereits präventiv) zu erhalten hatte. Damit hatte die staatliche Fürsorge eine aktiv ins persönliche Leben eingreifende Rolle, ohne Wahl- und Verweigerungsrecht seitens der Betroffenen. Die Fürsorge war damit eine Zuweisungs- und Vernetzungsinstanz in andere gesellschaftliche Bereiche, zum Beispiel in betriebliche Einheiten oder Hausgemeinschaften und vermittelte Ehrenamtliche, die dann die eigentliche Integration der Beteiligten in das Gesellschaftskollektiv leisten sollten. Gerade die Jugendfürsorge wurde dadurch zum Teil sehr negativ wahrgenommen, weil sie diktierte, welcher der richtige Platz für den Einzelnen sei. Nicht das System sollte zum Betroffenen passen, sondern der Mensch musste sich dem System anpassen. Wer sich nicht einpasste oder sich nicht fügen wollte, erfuhr Stigmatisierung und ein Sich-Fremd-Fühlen in der Gesellschaft.

6. Rechtliche Aspekte

Sowohl bei der katholischen als auch der staatlichen Fürsorge galten die Gesetzbücher der DDR als rechtliche Handlungsgrundlage. Eine Schweigepflicht, wie sie heute verstanden wird und auch rechtlich verankert ist, gab es in der DDR nicht. Aus Sicht der katholischen Fürsorge war eine umfassende Kenntnis dieser Rechtsgrundlagen und ihrer Auslegung zwingend notwendig, um auf Augenhöhe mit dem Staat und seinen Institutionen agieren zu können. Der sichere Umgang mit Recht und Gesetz konnte den Klienten am Ehesten Rechtssicherheit und einen gewissen Freiraum verschaffen.

Selbst wenn die katholischen Fürsorger aber eine ausgesprochen gute Rechtskenntnis hatten, war es schwierig, Rechtsansprüche gegenüber dem Staat erfolgreich durchzusetzen. „Das war echt behindernd, das war auch nachteilig für die Klienten, weil man einfach nicht konstruktiv [zusammen]arbeiten konnte … und das ganze Feld der politischen Geschichten, diese ganzen … Knastgeschichten und so was alles … diese … Drangsalierungen, die da gewesen sind … dass man immer ein Feind und ein Gegner war … das war [schon] lästig" (F/954). Die Schweigepflicht hatte für die katholischen Fürsorger auch ohne klassische Rechtsverbindlichkeit den gleichen Stellenwert wie das Beichtgeheimnis, vergleichbar mit einem Berufskodex, und wurde unter allen Umständen eingehalten.

Als ausführendes Staatsorgan war für die staatliche Fürsorge eine umfangreiche Kenntnis der Gesetzeslage ebenso zwingend notwendig, allerdings mit

einer anderen Zielsetzung. Die Rechtsgrundlagen bildeten die Basis zur Überprüfung und Kontrolle, ob die Klienten ihre Auflagen auch im Verständnis der
staatlichen Vorgaben korrekt erfüllten. Der Umgang mit der Schweigepflicht war
eher ambivalent. Einerseits sollte sichergestellt werden, dass Unbefugte keine
Kenntnis von den Hintergründen und Problemsituationen der Klienten erlang-
ten (Wegschließen von Akten), andererseits wurden die Einzelfälle mitunter mit
und in einer großen Öffentlichkeit verhandelt. Auch unter den beteiligten Stellen
erfolgte ein direkter Austausch, ohne dass es dafür der Zustimmung der Klienten
bedurfte. Es gab offenbar in diesem Punkt gar kein Problembewusstsein dafür,
dass dieses Vorgehen die Persönlichkeitsrechte der Klienten verletzen könnte.
Durch die Vermischung von Haupt- und Ehrenamtlichen war weder Anonymität noch Privatsphäre für die Klienten zu gewährleisten. Dies dürfte auch so
gewollt gewesen sein. Das Individuum „verschwand" im Kollektiv und wurde
von der sozialen Kontrolle im Umfeld dominiert. Die öffentliche „Zur-Schau-
Stellung" sollte durchaus abschreckende Wirkung für andere Familien und
deren Kinder haben. Wenngleich die Einbindung in das Kollektiv letztendlich
auch positive Effekte haben konnte, wie zum Beispiel Nachbarschaftshilfe oder
neue Sozialkontakte.

7. Spannungsfeld Kirche – Staat

Wie in den vorherigen Ausführungen bereits mehrfach deutlich wurde, war das
Verhältnis von Kirche und Staat zueinander dauerhaft angespannt. Die Existenz
der katholischen Kirche wurde zwar geduldet, aber sie galt als rückständig. Es
wurde davon ausgegangen, dass sie sich im Zuge der Verwirklichung des Kommunismus vollständig auflösen wird. Somit wurde keine dauerhafte öffentliche
Zusammenarbeit von staatlichen und kirchlichen Stellen angestrebt. Es ist daher
auch nicht verwunderlich, dass es in diesem Punkt keinerlei Übereinstimmungen in den Aussagen der Interviewpartner gab, wohl aber das Thema an sich als
durchaus relevant eingestuft wurde. Die staatliche Jugendfürsorge hatte keinen
offiziellen direkten Kontakt zu katholischen Beratungsstellen und umgekehrt.
Die politisch-ideologische Trennung war sogar so erfolgreich, dass den Fürsorgern bis heute nicht bekannt ist, ob und wer in ihrem damaligen Zuständigkeitsbereich auf staatlicher oder katholischer Seite jeweils parallel in einem
bestimmten Feld tätig gewesen sein könnte. Insbesondere einer der Befragten
aus dem katholischen Bereich schilderte, dass er erst nach der Wende gehört hat,
dass es wohl auch Sozialfürsorger gegeben hätte, aber er war davon überzeugt,
dass es diese in seiner Umgebung nicht gegeben hätte. Nach unserem Kennt-
nisstand ist das relativ unwahrscheinlich. Für die staatlichen Jugendfürsorger
war das Spannungsverhältnis immer dann direkt wahrnehmbar, wenn Klienten

mit einem christlichen Hintergrund in ihre Sprechstunden kamen. Sie waren im Rahmen ihrer Tätigkeit dazu verpflichtet, diese Familien ohne Angabe von weiteren Gründen direkt ihrem Vorgesetzten zu melden, der seinerseits diese Informationen an das MfS weiterleitete. Eine stichhaltige Erklärung gab es für die Mitarbeiter dafür nach eigenen Aussagen nicht und ein Hinterfragen der Praxis war nicht möglich, aber die Nicht-Meldung war bereits ein Rechtsvergehen. Trotzdem kam es vor, das einzelne Fürsorger, die christliche Beratungsstellen kannten, ihren potentiellen christlichen Klienten sehr deutlich vermittelten, dass sie nicht für sie tätig werden wollten und sie auf kirchliche Beratungsstellen verwiesen, noch bevor sie deren Konfliktsituation kannten. Diese Entscheidungen folgten einem rein intuitiven Gefühl zum Schutz der Betroffenen selbst und deren Familien, weil einige der staatlichen Jugendfürsorger immer wieder eine Ungleichbehandlung der Familien im Vergleich zu nichtchristlichen Familien bei identischer Ausgangslage beobachtet hatten, was ihnen unverständlich und unverhältnismäßig vorkam. Die Zugehörigkeit zu einer Kirche führte wohl nahezu immer zu einem deutlich härteren Vorgehen, in das häufiger als sonst direkt von „Oben" eingegriffen wurde. Besonders vorsichtig mussten Christen sein, wenn sie selbst beruflich in den Staatsapparat involviert waren. „In einem Jugendamt arbeitete eine gute Katholikin, die aber … sozusagen … mit ihrem Job gespielt hat, wenn sie [mir] was gesagt hat" (F/952).

Die katholischen Fürsorger agierten in einer relativ paradoxen Situation. Einerseits standen sie außerhalb des Systems, waren aber andererseits permanent direkt damit konfrontiert, entweder durch die staatliche Begrenzung auf ein spezielles Einsatzfeld oder durch die Themenvielfalt, die sich im Rahmen ihrer offenen Beratungsarbeit und Begleitung ergab. Nicht selten konnten konflikthafte berufliche Situationen der katholischen Fürsorger Auswirkungen auf die eigene Person haben. So wurde zum Beispiel in der oben beschriebenen Situation mit der Tätigkeitsuntersagung wenig später auch die Reisegenehmigung zu den Verwandten in Westdeutschland ohne weitere Begründung verwehrt. Die katholische Fürsorge verstand sich mit ihrem sozial-karitativen Ansatz als zuständig für alle Menschen und betätigte sich gerade deshalb auch außerhalb der Kirchenmauern, wie zum Beispiel in der Strafgefangenenhilfe. „Ich hab mal erfahren, dass …, meine Adresse, also damals zu DDR-Zeiten, gab es ja keine Visitenkarten, aber … ich hatte doch welche … und meine Visitenkarte … kostete damals im Knast 20 Mark [weil ich den Ruf hatte gut helfen zu können]" (F/ 114).

Diese absolute Unvereinbarkeit der beiden Spannungspole Staat und Kirche, die auch in den Arbeitsfeldern der staatlichen wie katholischen Fürsorge immer wieder – wenn auch auf sehr unterschiedliche Weise – wahrgenommen wurden,

lassen sich wohl am ehesten durch die extrem unterschiedlichen Weltanschauungen erklären. Während die DDR-Ideologie in Bezug auf das Individuum meist
von einem Leitbild redete, spricht die christliche Religion eher von einem Menschenbild. Etwas vereinfacht drückt sich der Kernunterschied schon in diesen
beiden Begriffen aus. Die DDR hatte ein Leitbild, nach dem sich die Gesamtgesellschaft ausrichten und leiten lassen sollte, ein idealtypischer Weg, den jeder
Einzelne innerhalb dieses Systems gehen sollte. Allerdings war dieser eher mate-
riell- und produktionsorientiert und vernachlässigte Aspekte wie Individualität,
die geistig freie Suche nach dem eigenen Sinn des Lebens und der eigenen Position in einer Gesellschaft, wie sie in einem modernen Verständnis von Religion
aber auch Philosophie angedacht wird.

Im christlichen Menschenbild stehen der Mensch und seine Beziehung zu
Gott im Mittelpunkt. Er ist von Gott geliebt, er ist auch ohne Gegenleistung eine
Person, mit einer individuellen Persönlichkeit und Würde. Er soll durch seinen
Glauben und den Austausch mit den Menschen in seinem sozialen Umfeld seine
eigenen Potenziale entdecken und nutzen. Aber nicht nach einem vorgegebenen
Muster, sondern in der Freiheit der Kinder Gottes.

Beide Weltanschauungen tolerierten zwar innerhalb des DDR-Systems die
Existenz des jeweiligen Anderen, konnten aber dessen Grundhaltung weder
akzeptieren noch übernehmen. Der Staat versuchte mit seiner Strategie das lang-
same Absterben der Religion zu forcieren, die Kirche sah ihren Auftrag darin für
die Menschen trotz dieser Repressalien da zu sein, deren Würde und ihren Frei-
heitsanspruch zu verteidigen, ohne sich vom System vereinnahmen zu lassen.
Dies schloss eine gewisse Kompromissbereitschaft nicht aus, solange die Kirche
ihre Grundwerte gewahrt sah, machte aber eine Anpassung unmöglich. In der
Praxis bedeutete das, dass einzelne Menschen in den verschiedenen Verantwor-
tungspositionen innerhalb des Staatsapparats und der katholischen Fürsorge
über diese Differenzen hinwegsehen konnten, wenn es um Vorteile für Klienten
oder Schutzbefohlene ging. „Um eine schwierige Situation mit einem Klienten
zu überstehen [in einem Gefängnis] und das ist etwas, was absolut … ungewöhnlich gewesen ist … in dem damaligen System, als kirchlicher Fürsorger
wurde man immer ignoriert, den gab es gar nicht, also das hat es gar nicht gegeben und da gerufen zu werden, von so 'ner Anstaltsleitung in so 'ner Situation,
das ist schon … richtige Bauchpinselei gewesen für mich, … das ist so etwas …,
das nehme ich so mit, als eine Bestätigung meiner Tätigkeit [damals]" (F/1043).

8. Angst

In Bezug auf Angst gilt für beide Fürsorgebereiche, dass ein sinnvolles Arbeiten mit den Klienten nur möglich war, wenn zwischen den Fürsorgern und den

Klienten eine angstfreie Atmosphäre herrschte. Darüber hinaus war das Thema
Angst im katholischen Fürsorgebereich deutlich weniger präsent als im staatlichen Fürsorgekontext. Vermutlich lag das zum Einen an der oben beschriebenen
notwendigen Selbstreflexion, die Distanz zum System geschaffen hat, wodurch
vieles weniger angstbesetzt war. Zum Anderen konnte gerade die katholische
Fürsorge einen Schutzraum für ihre Klienten anbieten, in dem diese weniger
Angst vor den negativen Folgen einer Beratung haben mussten.

Die staatliche Fürsorge hatte schon durch die strukturellen Gegebenheiten
stark mit dem Thema Angst zu tun, da sie vordringlich immer dann in Erschei-
nung trat, wenn es um Kindeswohlgefährdung und Heimunterbringung ging.
Die Angst durch Fehlverhalten – welcher Art auch immer – die Kinder zu verlieren oder als Jugendlicher in den Jugendwerkhof zu müssen, lag nahe und hing
maßgeblich von dem jeweiligen verantwortlichen Fürsorger ab. Anscheinend als
Eltern versagt zu haben, wenn Kinder und Jugendliche im DDR-System auffällig
wurden, erzeugte zusätzlich die Angst, dass die eigene Existenz gefährdet sein
könnte und die Eltern ihren Beruf verlieren könnten (beispielsweise bei der Polizei). Diese angstvolle Grundatmosphäre zu durchbrechen, war für die Jugendfürsorge ausgesprochen schwierig. Unabhängig von den Ängsten übertrug sich
diese Stimmung zum Teil auch auf das Arbeitsklima im Fürsorgebereich.

Einige der Befragten schilderten, dass sie sich selbst vom System verunsi-
chert fühlten, ohne genau erklären zu können, woher dieses Gefühl eigentlich
kam und das unabhängig von den Überlegungen, dass sie durch die großzügige
Gesetzesauslegung potenziell mit negativen Konsequenz rechnen mussten, wenn
es bekannt würde. Es wirkt eher wie ein Übertragung von „oben nach unten" in
einem staatlichen Hierarchiesystem, dass alles und jeden permanent unter Kontrolle behalten wollte. Es bleibt festzuhalten: Die Aspekte Angst und Macht bzw.
Ohnmacht standen in einem direkten Zusammenhang und haben die Arbeit der
Fürsorger maßgeblich beeinflusst. Während im kirchlichen Kontext sich in der
Regel eine angstfreiere Arbeitsatmosphäre im Klientenkontakt herstellen ließ,
aber durch die eigene eingeschränkte Wirkmächtigkeit Ohnmachts- und Frus-
trationserfahrungen sich einstellten, war das Thema Angst im Zusammenhang
mit Macht im staatlichen Fürsorgekontext real präsent und Teil des Arbeitsall-
tags – sowohl für die Klienten als auch die Fürsorger selbst.

8 Abschlussbemerkung

Abschließend steht noch immer die Ausgangsfrage: Gab es in der DDR in den Bereichen der staatlichen Jugendfürsorge und katholischen Fürsorge professionelle Beratung?

Diese Forschungsfrage kann mit *Nein* und mit *Ja* beantwortet werden! Nehmen wir das heutige Verständnis von professioneller Beratung als theoretischen Hintergrund für die Beantwortung dieser Frage, müssen die im Kapitel Zwei beschriebenen Beratungsstandards als Grundlage vorausgesetzt werden. Dazu gehört einerseits: Im Mittelpunkt steht der Mensch als Individuum. Er darf weder in seiner Autonomie noch in seiner Würde durch die Beratung gefährdet werden. Professionelle Beratung im Kontext der Sozialen Arbeit versteht sich als menschenrechtsbasierter Ansatz. Die Beratung selbst ist eine zwischenmenschliche Interaktion auf Augenhöhe und will die Selbststeuerung, die Selbstwirksamkeit und die Handlungskompetenz (Handlungsautonomie) bei den Klienten stärken (Empowerment). Dafür werden die individuellen Ressourcen, das eigene Netzwerk und die Lebenswelt der Klienten miteinbezogen. Voraussetzung ist, dass die Betroffenen in ihrer Hilfebedürftigkeit die Beratung freiwillig in Anspruch nehmen und ein Veränderungswille gegeben ist. Somit ist Beratung idealerweise entwicklungsfördernd und verfolgt gleichzeitig auch einen Präventionsgedanken. Die Klienten sollen zukünftig in schwierigen Situationen auch ohne die Unterstützung des Beraters auskommen können.

Die Professionalität definiert sich andererseits nachfolgenden Kriterien: Die Beratung ist eine eigenständige, formalisierte Hilfeform, die von qualifizierten Fachkräften auf der Grundlage entsprechender Beratungstheorie und Beratungswissenschaft durchgeführt wird. Die Berater sind methodisch geschult und die Beratungen sind geplant, werden fachlich reflektiert und berücksichtigen ethische Grundlagen. Die Berater haben eine klar definierte berufliche Rolle und sind in der Regel in einer Beratungsorganisation, mit einem entsprechenden Beratungssetting eingebunden. Unter diesen Bedingungen wird mit den Klienten in der Beratung ein entsprechender Beratungskontrakt, inklusive einer gemeinsamen Zielvereinbarung geschlossen. In der Beratung wird ganzheitlich, individualisiert und lösungsorientiert gearbeitet. Die Wahrung der Vertraulichkeit wird durch die Schweigepflicht geschützt. Die Berater müssen durch stetige Reflexion und Evaluation (mit und ohne Klienten) das eigene Handeln kritisch analysieren, um so auch eine professionelle Distanz zu den Klienten und ihrem Arbeitsprozess wahren zu können.

Wird nun die Situation der staatlichen Jugendfürsorge und die der katholischen Fürsorge in der DDR vor diesem Hintergrund analysiert, fällt deutlich auf, dass der katholische Fürsorgebereich weitgehend die Kriterien einer professionellen Beratung im Rahmen ihrer Beratungstätigkeit erfüllt hat, im staatlichen Jugendfürsorgekontext dies aber so strukturell nicht gegeben war.

Professionelle Beratungsstandards, wie die Wahrung der Würde und der Menschenrechte, ein individualisierter und ressourcenorientierter Ansatz, die Schweigepflicht oder die Stärkung der Persönlichkeit im Sinne von Empowerment etc., gehörten zum klassischen Handwerkszeug der katholischen Fürsorger. Eine entsprechende grundlegende Qualifizierung erfolgte bereits in der katholischen Fürsorgeausbildung und wurde durch gezielte Fort- und Weiterbildungsangebote vertieft und ausgebaut. Kennzeichnend für die Professionalität der katholischen Fürsorgeberatung war die Reflexion ihrer eigenen Haltung und Handlungsweise nach ethischen Richtlinien auf der Basis des christlichen Menschenbildes.

Durch die fachliche Qualifikation und das Selbstverständnis, wonach jeder einzelne Mensch – als Kind Gottes – wichtig ist, unveräußerliche Würde besitzt und in Freiheit selbstbestimmt sein Leben gestalten soll, konnte die katholische Fürsorge selbst unter den Bedingungen der SED-Diktatur ganzheitlich und bedürfnisorientiert Beratung durchführen. Der bewusste Umgang mit Macht – sei es durch die Zuschreibung in der Berufsrolle durch die Klienten oder durch die Asymmetrie in der Beratungssituation durch die Informations- und Expertenmacht oder durch die Machthierarchien im DDR-System ebenso wie in der katholischen Kirche etc. – ermöglichte es den katholischen Fürsorgern, die positiven wie negativen Einflüsse von Macht wahrzunehmen und angemessen darauf zu reagieren. Machtstrukturen gibt es in jeder Gesellschaftsstruktur und in jeder zwischenmenschlichen Beziehung, entscheidend ist aber der reflexive Umgang damit, der vor Machtmissbrauch schützt.

Insbesondere durch die Ausführungen der Befragten im katholischen Fürsorgebereich lässt sich eine theoretische und praktische Nähe zum Empowermentkonzept in der katholischen Fürsorgeberatung herstellen.

Anlass für die Beratung bei diesem Konzept ist der persönliche Macht-, Einfluss- und Kontrollverlust bei den Klienten. Dieser Kontrollverlust wird zum Beratungshintergrund, auf den die Berater empathisch und klientenorientiert eingehen ohne ihre professionelle Distanz zu verlieren (hoher Reflexionsanteil). Die Betroffenen werden im Beratungsprozess in ihrer Selbstwirksamkeit durch die Überwindung ihres Kontrollverlustes gestärkt. Viele der oben benannten Beispiele verdeutlichen, dass der Ansatz der katholischen Fürsorger gerade auf diese Selbstermächtigung und Selbstfürsorge hin ausgerichtet war, mit dem Ziel, ihre Klienten dazu zu befähigen, dass sie innerhalb der Möglichkeiten des Systems frei und handlungsfähig bleiben (oder werden) sollten.

Für die staatliche Jugendfürsorge kann die Forschungsfrage nur mit *Nein* beantwortet werden. Die oben aufgeführten Beratungsstandards wurden weder strukturell noch systematisch umgesetzt oder erfüllt, sondern eher gegenteilig praktiziert. Schon die Grundlage für professionelles Handeln durch eine qualifizierte Ausbildung mit Beratungsinhalten und Beratungskompetenzen war im DDR-System weder vorgesehen noch gewollt. Somit konnte keine im eigentlichen Sinne professionelle sozialarbeiterische Beratung in der staatlichen Jugendfürsorge stattfinden, wenn überhaupt ging es um Klientenbetreuung. Der von den staatlichen Jugendfürsorgern verwendete Begriff der „Kontrollberatung" steht stellvertretend für das eigentliche Verständnis von Beratung, aber auch für die vom Staat zugeschriebene Berufsrolle.

Im Weltbild der DDR zukünftig gar nicht mehr vorgesehen, hatte die Jugendfürsorge keinen Einfluss auf einen gesellschaftskritischen Diskurs, entwickelte kein eigenes berufliches Selbstverständnis und agierte in der Ambivalenz, machtlos im eigenen fachlichen Diskurs zu sein und gleichzeitig ein ausgesprochen ausführendes Machtorgan des Staats im beruflichen Alltag sein zu müssen. Für die dennoch selbstverständlich durchgeführte beratende Tätigkeit im Berufsalltag waren die staatlichen Jugendfürsorger ohne jegliche beraterische Grundausbildung und fortlaufende Schulung auf ein intuitives Vorgehen zurückgeworfen.

Durch die ideologisch nicht gewünschte Reflexion hat die DDR auch nicht das positive Potenzial einer konstruktiv-kritischen Reflexion in der Jugendfürsorge erkannt. Womöglich hätte das im Idealfall sogar eine Schlüsselerkenntnis aus Sicht des DDR-System sein können, die tatsächlichen Problemlagen zu identifizieren, um mittels dieser Erkenntnisse nachhaltig positive Veränderungen im gesamtgesellschaftlichen Diskurs herbei führen zu können. Ein derartig konstruktiver Austausch auf Augenhöhe zwischen Staatsführung und Bürgern war aber in der machthierarchischen Struktur der DDR nicht vorgesehen. Die SED-Führung hatte die alleinige Richtlinienkompetenz. Die mangelnde und nicht gewollte Reflexionskompetenz im Rahmen der Jugendfürsorge verhinderte eine bewusste und konstruktive Auseinandersetzung mit dem Thema Macht. Weder die von außen zugeschriebene Macht in der Berufsrolle, noch der Einfluss gesellschaftlicher und staatlicher Machtstrukturen und -instrumente wurde systematisch reflektiert oder überhaupt im Gesamtsystem der Jugendfürsorge wahrgenommen.

Der bereits im Leitbild der allseitig gebildeten sozialistischen Persönlichkeit verankerte Anpassungsdruck des Individuums an das Kollektiv und die Gesellschaft erinnert eher an einen behavioristischen verhaltenstherapeutischen

Ansatz, der durch Strafen und Sanktionen ein bestimmtes Verhalten antrainieren will, allerdings ohne die Vertraulichkeit und Freiwilligkeit, die es in einem therapeutischen Setting gibt. Die Betroffenen erlebten im Zweifelsfall eine öffentliche Bloßstellung, Kontroll- und Anpassungszwang, der durch die grundlegende Verunsicherung der eigenen Persönlichkeit und soziale Kontrolle eine Verhaltensänderung erzwingen wollte. Macht wurde im staatlichen Fürsorgekontext nicht kritisch reflektiert, sondern eher (unkritisch) instrumentalisiert. Hier wurden die von Weber und Etzioni beschriebenen Formen von Macht wirksam.

Der Staat hatte durch seine Machtposition die Fähigkeit und eine relativ hohe Wahrscheinlichkeit, seine eigenen Ideen umzusetzen – so und nicht anders soll die kommunistische Gesellschaft aussehen und strukturiert werden. Durch das kollektive Wirkvermögen, das der Staat gezielt durch staatliche Institutionen umsetzen ließ, wurde den Bürgern eine bestimmte Erwartung vermittelt, durch die Vorgaben, wie eine „allseitig gebildete sozialistische Persönlichkeit", definiert und ausgebildet würde, die nicht infrage gestellt werden durfte. Obwohl in der SED-Ideologie eigentlich der Mensch im Mittelpunkt stehen sollte, ging es dabei nicht um das, was die Person im Eigentlichen prägt – alles was wirklich innerhalb des Menschen liegt – seine Seele, seine Psyche, durch die das Bewusstsein ausgebildet wird. Der Einzelne sollte durch schematische Anpassung an die angestrebten Funktionszusammenhänge zu einem wertvollen Mitglied der Gesellschaft werden. So betrachtet wirkt der einzelne Mensch aber eher wie eine beliebige und austauschbare „Spielfigur".

So lässt sich in Bezug auf die formulierten Thesen rekapitulieren: Es gab gravierende Unterschiede zwischen der staatlichen und katholischen Fürsorgeausbildung, was sich folgenschwer auf die Berufspraxis auswirkte. Einer der Befragten fiel erst im Gespräch der Widerspruch auf, dass es zwar eine Mütterberatung gab, dort aber keine Beratung im eigentlichen Sinne stattfand, sondern Kontrolle, Anordnungen und im besten Fall ein konstruktiver Austausch mit den Klienten erfolgte. Die weltanschaulichen Unterschiede hatten essenzielle Auswirkungen auf das Handeln und die eigene professionelle Haltung als Fürsorger. Während es in der katholischen Fürsorge um einen individualisierten Beratungsprozess mit den Elementen des Empowermentkonzepts ging, waren die staatlichen Jugendfürsorger ausführendes Organ, das durch Kontrolle die Entwicklung der „sozialistischen Idealpersönlichkeit" garantieren sollte. Noch konträrer können in einem politischen System in fachlicher Hinsicht die Positionen von „Hilfe zur Selbsthilfe" und „Hilfe im Sinne von Kontrolle bei der Anpassung" nicht ausfallen.

Die These, dass die Machtverhältnisse in der DDR-Diktatur die Beratungstätigkeit beeinflussten und eine professionelle Beratung nach heutigem Verständnis möglicherweise sogar verhinderten, ist zutreffend, nur anders als zunächst erwartet. Durch die bewusste Entscheidung der katholischen Fürsorge mit ihrer Gegenposition zur Mehrheitsgesellschaft und der inhaltlichen Ausrichtung nach den Bildungsinhalten der westdeutschen Sozialarbeiterausbildung war durchaus eine professionelle Beratung auch in der Diktaturgesellschaft möglich. Die Überlegung, dass die staatliche Jugendfürsorge durch die Machtstruktur des Systems in der Ausgestaltung und Nachhaltigkeit ihrer professionellen Beratungstätigkeit eingeschränkt und behindert wurde, diese aber grundsätzlich existierte, hat sich nicht bestätigt.

Der Befund ist weitaus gravierender: Dass es aufgrund der Rahmenbedingungen überhaupt keine professionelle Beratung im eigentlichen Sinne geben konnte, war zunächst durchaus überraschend, ist aber durch die innere Logik und Struktur der DDR-Diktatur aus der jetzigen Perspektive kaum anders zu erwarten gewesen. Die Machtstruktur der DDR hat demzufolge professionelle Beratung in der staatlichen Jugendfürsorge nicht nur be-, sondern gänzlich verhindert, was durch die mangelnde Reflexionskultur nicht oder nur bedingt infrage gestellt werden konnte.

Trotz dieses harten Befundes über die strukturelle professionelle Beratung in der staatlichen Jugendfürsorge im DDR-System gab es natürlich immer auch engagierte staatliche Fürsorgerinnen und Fürsorger, die im Rahmen ihrer Möglichkeiten versucht haben, auf einer sehr individuellen Ebene helfend, unterstützend und auch erfolgreich beratend tätig zu sein und das mit einem reflektierenden Blick auf das Thema „Macht". Das Engagement war jedoch allein individuell motiviert und wurde vom System weder konzeptionell, noch in der Ausbildung und Berufspraxis unterstützt.

Für den Arbeits- und Erkenntnisprozess war der Ansatz der Zeitzeugenarbeit ausgesprochen günstig. Durch diesen Ansatz konnte Wissen generiert werden, das sich aus der Literatur so nicht hätte ableiten lassen können. Die Befragten haben durch ihre Zeitzeugenschaft ein Erfahrungswissen, das sie uns in den geplanten und vorstrukturierten Gesprächen in der Interviewsituation zu Verfügung stellen konnten. Vermutlich sind in der persönlichen Darstellung der eigenen Rolle und des eigenen Handelns nachträgliche Verzerrungen vorhanden. Vielleicht haben sich die Befragten nicht immer so gesellschaftskritisch, aber vielleicht auch deutlich weniger angepasst verhalten. Was aber in jedem Fall deutlich wurde, ist die eigene Haltung. Wenngleich auch diese bedingt durch die zeitliche Differenz in der perspektivischen Wahrnehmung und vom persönlichen Interesse geleitet, eine Bewertung erfahren haben wird, die von der persönlichen Weiterentwicklung und rückblickenden Reflexion beeinflusst wurde.

Gerade im Hinblick auf Beratung und das jeweilige Reflexionsverhalten wird der Einfluss der unterschiedlichen Ausbildungsgrundlagen deutlich. Während die katholischen Fürsorger relativ klare, überwiegend reflektierte Antworten zu den verschiedenen Beratungsaspekten geben konnten, war dies für die staatlichen Fürsorger deutlich schwieriger. Waren sie doch im Hinblick auf Beratung während ihrer Berufstätigkeit doppelt vereinzelt – es fehlte ein genereller fachlicher Reflexionsrahmen, was zur Folge hatte, dass sie im Hinblick auf Reflexion und Beratung auf sich allein gestellt waren. Allenfalls ein oberflächliches Anreißen sozialer Problemlagen mit einzelnen Kollegen war möglich, aber eine grundlegende fachliche Analyse nicht.

Als historische menschliche Quellen ermöglichten sie in jedem Fall Wissenslücken im Hinblick auf die Beratungsgeschichte und deren Hintergründe im Rahmen einer wissenschaftlichen Auseinandersetzung zu beleuchten, wenn auch nicht umfassend zu schließen. Durch den zeitlich begrenzten Rahmen in einem Interview ist zu vermuten, dass nicht alle Themen von den Befragten erschöpfend beantwortet wurden und in weiteren Gesprächen eine Vertiefung möglich wäre.

Da in den Interviews auch Informationen über den Beratungshorizont hinaus gewonnen wurden, bestünde die Möglichkeit, diese transkribierten Interviews unter anderen ergänzenden Aspekten auszuwerten. Dies könnte erweiternde und vertiefende Forschungsansätze generieren und Folgeuntersuchungen mit anderen Untersuchungsmethoden (weiteren und umfangreicheren Befragungen, Archivarbeit, Zeitdokumenten, Tagebücher von Betroffenen) und anderen Zielgruppen (Personen mit Ausbildungsverantwortung, Betroffene selbst, Ehrenamtliche, die in den Jugendhilfekommissionen und Jugendhilfeausschüssen tätig waren etc.) ermöglichen.

Interessant wäre dabei ein multiprofessioneller und interdisziplinärer Ansatz. Es wäre zum Beispiel eine Möglichkeit unter sprachwissenschaftlichen Gesichtspunkten herauszuarbeiten, welchen Einfluss die politische Ideologie auf den Sprachgebrauch hatte und inwiefern einzelne Begrifflichkeiten zum Beispiel genutzt, aber anders als heute verstanden wurden (zum Beispiel die Begriffe ideologisch vs. weltanschaulich). Interessant wäre auch zu überprüfen, ob sich die unterschiedlichen Fürsorgergenerationen in der Bewertung und Haltung in ihrer Tätigkeit unterscheiden. Ob und wie beispielsweise die Anfangseuphorie der DDR und die folgende politische Entwicklung die Fürsorgetätigkeit praktisch und inhaltlich beeinflusst haben – innerkirchlich und staatlich.

So bleibt es von Interesse, dieser Momentaufnahme weiter nachzugehen und vor allem den Zusammenhang von (Aus-)Bildung, (ethischer Grund-)Haltung und professionellem Handeln im Feld der Sozialen Arbeit weiter zu beleuchten.

Nichts ist so beständig wie der Wandel.
(Heraklit von Ephesus, 535–475 v. Chr.)

Foto © Bernadette Feind-Wahlicht

Literaturverzeichnis

Ahbe, Thomas: Die ostdeutsche Erinnerung als Eisberg. Soziologisches und diskursanalytische Befunde nach 20 Jahren staatlicher Einheit. In: Goudin-Steinmann, Elisa/Hähnel-Mesnard, Carola(Hrsg.): Ostdeutsche Erinnerungsdiskurse nach 1989 – Narrative kultureller Identität, Berlin 2013, 27–58.

Ansen, Harald: Soziale Beratung im Grundriss. In: http://dvsg.org/uploads/media/SozialeBeratungAnsen_04.pdf, Jahr ohne Angabe, abgerufen am 14.06.20.

Berliner Bischofskonferenz (Hrsg.): Konzil und Diaspora. Die Beschlüsse der Pastoralsynode der katholischen Kirche in der DDR, Leipzig 1988.

Bildungsserver Berlin/Brandenburg: Zeitzeugen und Interviews – zur Methode, Jahr ohne Angabe. In: https://bildungsserver.berlin-brandenburg.de/filead min/havemann/docs/material/6_M.pdf, abgerufen am 20.06.20.

Bildungsserver Berlin/Brandenburg: Materialsammlung zum Thema – Opposition und Repression in der DDR. Artikel: Die „Norm" der sozialistischen Persönlichkeit, Jahr ohne Angabe. In: https://bildungsserver.berlin-brandenb urg.de/fileadmin/havemann/docs/material/9_M.pdf, abgerufen am 07.06.20.

Bogner, Alexander; Littig, Beate; Menz, Wolfgang (Hrsg.): Experteninterviews – Theorie, Methoden, Anwendungsfelder, Wiesbaden 2009.

Bogner, Alexander; Littig, Beate, Menz; Wolfgang: Experteninterviews in der qualitativen Sozialforschung – Zur Einführung in eine sich intensivierende Methodendebatte. In: Bogner, Alexander; Littig, Beate, Menz; Wolfgang (Hrsg.): Experteninterviews – Theorie, Methoden, Anwendungsfelder, Wiesbaden 2009, 7–31.

Bogner, Alexander; Littig, Beate; Menz, Wolfgang: Das theoriegenerierende Experteninterview – Erkenntnisinteresse, Wissensformen, Interaktionen. In: Bogner, Alexander; Littig, Beate; Menz, Wolfgang (Hrsg.): Experteninterviews – Theorie, Methoden, Anwendungsfelder, Wiesbaden 2009, 61–98.

Breuer, Franz: Reflexive Grounded Theory – Eine Einführung für die Forschungspraxis, Wiesbaden 2010.

Brose, Thomas (Hrsg.): Gewagte Freiheit – Wende, Wandel, Revolution, Leipzig 1999.

Brose, Thomas (Hrsg.) Glaube, Macht und Mauerfälle, Würzburg 2009.

Bunke, Florian: Wir lernen und lehren im Geiste Lenins... Ziele, Methoden und Wirksamkeit der politisch-ideologischen Erziehung in den Schulen der DDR, Universität Oldenburg 2005.

DBSH – Deutscher Berufsverband für Soziale Arbeit e.V.: Qualitätsbeschreibung sozialprofessionelle Beratung, Halle, 2002. PDF-Download https://www.dbsh.de/profession/haltung-der-profession/sozialprofessionelle-beratung.html, abgerufen am 07.06.20.

Deutschlandfunkinterview: Bertsch, Matthias: Friedliche Revolution in der DDR-Distanz statt Protest bei der katholischen Kirche, Artikel vom 03.10.14. http://www.deutschlandfunk.de/friedliche-revolution-in-der-ddr-distanz-statt-protest-bei.886.de.html?dram:article_id=299330, abgerufen am 07.06.20.

Dudenredaktion, Wissenschaftlicher Rat der: Duden, Das Fremdwörterbuch, Mannheim Zürich 2010.

Ehm, Martin: Die kleine Herde – die katholische Kirche in der SBZ und im sozialistischen Staat der DDR, Berlin 2007.

Equit, Claudia; Hohage, Christoph: Handbuch Grounded Theory – Von der Methodologie zur Forschungspraxis, Weinheim und Basel 2016.

Equit, Claudia; Hohage, Christoph: Ausgewählte Entwicklungen und Konfliktlinien der Grounded Theory Methodology. In: Equit, Claudia; Hohage, Christoph: Handbuch Grounded Theory – Von der Methodologie zur Forschungspraxis, Weinheim und Basel 2016, 11–46.

Fischer, Martin: Dienst an der Liebe. Die katholische Ehe-, Familien- und Lebensberatung in der DDR, Würzburg 2014.

Foerster, Roswitha: Zur Ausbildungssituation für Sozialarbeiter Ost. In: Mülfeld, Claus; Oppl, Hubert; Weber-Falkensammer, Hartmut; Wendt, Wolf Rainer: Soziale Arbeit deutsch – deutsch, Brennpunkte sozialer Arbeit. Schriftenreihe für Studierende, Lehrende und Praktiker, Neuwied 1991, 19–22.

Glaser, Jochen; Strauss, Anselm: The Discouvery of Grounded Theory, Stategien für Qualitative Forschung, Chicago 1967.

Glaser, Jochen; Laudel, Grit: Experteninterviews und qualitative Inhaltsanalyse als Instrumente rekonstruierender Untersuchungen, Wiesbaden 2009.

Goudin-Steinmann, Elisa; Hähnel-Mesnard, Carola (Hrsg.): Ostdeutsche Erinnerungsdiskurse nach 1989 – Narrative kultureller Identität, Berlin 2013.

Goudin-Steinmann, Elisa/Hähnel-Mesnard, Carola: Erinnerung, Narration und Identität: das kulturelle Gedächtnis der Ostdeutschen. In: Goudin-Steinmann, Elisa/Hähnel-Mesnard, Carola (Hrsg.): Ostdeutsche Erinnerungsdiskurse nach 1989 – Narrative kultureller Identität, Berlin 2013, 11–24.

Gukenbiehl, Hermann L.: Macht. Artikel in: Schäfers, Bernhard (Hrsg.) Grundbegriffe der Soziologie, Opladen 1986, 172–174.

Halbmayer, Ernst, Salat, Jana: Qualitative Methoden der Kultur- und Sozialanthropologie. 2011. In: http://www.univie.ac.at/ksa/elearning/cp/qualitative/qualitative-8.html, abgerufen am 28.01.16.

Hammerschmidt, Peter; Weber, Sascha; Seidenstücker, Bernd: Soziale Arbeit – die Geschichte, Opladen und Toronto 2017.

Hering, Sabine; Münchmeier, Richard: Restauration und Reform – Die Soziale Arbeit nach 1945. In: Thole, Werner (Hrsg.): Grundriss Sozialer Arbeit – Ein einführendes Handbuch, Wiesbaden 2012, 109–130.

Hesse, Christine: Editorial. In: Malycha, Andreas: Informationen zur politischen Bildung, Nr. 312/2011, Geschichte der DDR, Bonn 2011.

Höllen, Martin, Loyale Distanz? Katholizismus u. Kirchenpolitik in der SBZ u. DDR. Ein historischer Überblick in Dokumenten, Bd. I 1949–1955; Berlin 1994; Bd. III/2 1977–1990, Berlin 2000.

Jugendgesetz der DDR vom 28. Januar 1974. In: http://www.verfassungen.de/de/ddr/jugendgesetz64.htm, abgerufen am 20.06.17.

Katholische Kirche: Kathechismus der Katholischen Kirche – Kompendium, München 2005.

KHSB (Katholische Hochschule Berlin – Hrsg.): Handreichung zu forschungsethischen Standards für Lehrende und Studierende der KHSB, Jahreszahl – ohne Angaben. In: www.lernplattform.khsb-berlin.de/course/view.php?id=2195, abgerufen am 15.03.17.

Kixmüller, Jan: Authentizität unter Tränen, Tagesspiegel Potsdamer neuste Nachrichten, 20.03.13. In: http://www.pnn.de/campus/725782/, abgerufen am 10.05.20.

Kroll, Silvia: Kirchlich-caritative Ausbildung in der DDR – Entwicklung im Aufgabenbereich Kinder- und Jugendhilfe, Freiburg im Breisgau 1998.

Kruse, Jan: Grounded Theory Methodology und Kybernetik 2. Ordnung (I) eine Querverbindung In: Equit, Claudia; Hohage, Christoph: Handbuch Grounded Theory – Von der Methodologie zur Forschungspraxis, Weinheim und Basel 2016, 86–107.

Kruse, Jan: Grounded Theory und Kybernetik 2. Ordnung (II) am Beispiel der Interviewforschung: Reflexiv-Prozessuale Erkenntnisgewinnung in der qualitativen Interviewforschung. In: Equit, Claudia; Hohage, Christoph: Handbuch Grounded Theory – Von der Methodologie zur Forschungspraxis, Weinheim und Basel 2016, 180–200.

Malycha, Andreas: Informationen zur politischen Bildung. Nr. 312/2011. Geschichte der DDR, Bundeszentrale für politische Bildung, Bonn 2011.

Meuser, Michael und Nagel, Ulrike: Experteninterviews und der Wandel der Wissensproduktion. In: Bogner, Alexander; Littig, Beate; Menz, Wolfgang

(Hrsg.): Experteninterviews – Theorie, Methoden, Anwendungsfelder, Wiesbaden 2009, 35–60.

Michel-Schwartze, Brigitta (Hrsg.): Methodenbuch Soziale Arbeit, Wiesbaden 2009.

Mülfeld, Claus; Oppl, Hubert; Weber-Falkensammer, Hartmut; Wendt, Wolf Rainer: Soziale Arbeit deutsch – deutsch, Brennpunkte sozialer Arbeit. Schriftenreihe für Studierende, Lehrende und Praktiker, Neuwied 1991.

Müller, Monika: Von der Fürsorge in die Soziale Arbeit – Fallstudie zum Berufswandel in Ostdeutschland, Opladen 2006.

Nestmann, Frank; Engel, Frank (Hrsg.): Die Zukunft der Beratung, Tübingen 2002.

Nestmann, Frank; Sickendieck, Ursel: Macht und Beratung. In: Nestmann, Frank; Engel, Frank (Hrsg.): Die Zukunft der Beratung, Tübingen 2002, 165–186.

Nestmann, Frank; Sickendiek, Ursel: Beratung. In: Otto, Hans-Uwe; Thiersch, Hans (Hrsg.): Handbuch Soziale Arbeit, München Basel 2015, 153–163.

Nußbeck, Susanne: Einführung in die Beratungspsychologie, München Basel 2014.

Otto, Hans-Uwe; Thiersch, Hans (Hrsg.): Handbuch Soziale Arbeit, München Basel 2015.

Pilvousek, Josef: Die katholischen Bischöfe der DDR im Visier des Staatsapparats. In: Brose, Thomas: Gewagte Freiheit – Wende, Wandel, Revolution, Leipzig 1999, 90–109.

Schäfer, Bernd: Staat und katholische Kirche in der DDR, Köln Weimar 1998.

Schäfers, Bernhard (Hrsg.) Grundbegriffe der Soziologie, Opladen 1986.

Sohns, Armin: Empowerment als Leitlinie Sozialer Arbeit. In: Michel-Schwartze (Hrsg.): Methodenbuch Soziale Arbeit, Wiesbaden 2009, 75–101.

Strauss, Anselm; Corbin, Juliet M.: Basics of Qualitative Research-Techniques and Procedures for Developing Grounded Theory, London 1998.

Thole, Werner (Hrsg.): Grundriss Sozialer Arbeit – Ein einführendes Handbuch, Wiesbaden 2012.

Van der Donk, Cyrilla; van Lanen, Bas; Wright, Michael T.: Praxisforschung im Sozial- und Gesundheitswesen, Bern 2014.

Viertel, Matthias (Hrsg.): Grundbegriffe der Theologie, München 2005.

Zimbardo, Philip G.: Psychologie, Berlin Heidelberg 1995.

Berliner Bibliothek
Religion – Kultur – Wissenschaft

Herausgegeben von Thomas Brose

Band 1   Thomas Brose (Hrsg.): Religion – Macht – Freiheit. Deutsches Neuland: Eine Zwischenbilanz. 2014.

Band 2   Thomas Brose / Philipp W. Hildmann (Hrsg.): Umstrittene Religionsfreiheit. Zur Diskussion um ein Menschenrecht. 2016.

Band 3   Philipp W. Hildmann / Johann Christian Koecke (Hrsg.): Christentum und politische Liberalität. Zu den religiösen Wurzeln säkularer Demokratie. 2017.

Band 4   Gerhard Gäde: Eine andere Barmherzigkeit. Zum Verständnis der Erlösungslehre Anselms von Canterbury. 2018.

Band 5   Benedikt Paul Göcke: The Panentheism of Karl Christian Friedrich Krause (1781–1832). From Transcendental Philosophy to Metaphysics. 2018.

Band 6   Tomasz Żurawlew / Thomas Brose (Hrsg.): Die Heiligen und das Heilige. Sprachliche, literarische und kulturelle Aspekte eines Phänomens. 2018.

Band 7   Thomas Brose (Hrsg.): Konfession – Bildung – Politik. Von der Kraft kultureller Bildung. 2019.

Band 8   Boris Wandruszka: Der heilige Tausch. Ideen zu einer Zukunft des Christentums. 2021.

Band 9   Gerhard Gäde: Theologie der Religionen. Gesammelte Schriften. 2021.

Band 10 Thomas Brose / Philipp W. Hildmann (Hrsg.): Geistesgegenwärtig. Anthropologie und Theologie im Zeichen Eugen Bisers. 2021.

Band 11 Raphael Weichlein: Gott denken – Wunschdenken? Religionsphilosophie im Gespräch mit Holm Tetens. 2022.

Band 12 Thomas Brose: Zwischenbilanz. Von Aquin bis Zweifel. Herausgegeben von Holger Zaborowski und Felicitas Hoppe. 2023.

Band 13 Bernadette Feind-Wahlicht / Peggy Tippel: Fürsorge in der DDR. Beratung in den Handlungsfeldern Staatliche Jugendhilfe und Katholische Fürsorge. Herausgegeben von Thomas Brose. 2023.

www.peterlang.com

www.ingramcontent.com/pod-product-compliance
Lightning Source LLC
Chambersburg PA
CBHW071938260326

41914CB00004B/673